LA

COMÉDIE FRANÇAISE

RACONTÉE

ARGENTEUIL. — IMPRIMERIE DE WORMS.

1680-1863

LA

COMÉDIE FRANÇAISE

RACONTÉE

PAR UN TÉMOIN DE SES FAUTES

Avec une préface et un épilogue en vers

PARIS

EDMOND ALBERT, ÉDITEUR,

11, RUE DE SEINE, 11

MDCCCLXIII

PRÉFACE *

LE TÉMOIN, *toussant.*

Hem !

Au Lecteur.

Qui que vous soyez, avez-vous ouï dire
Qu'il est dans un pays tout plein de fiel et d'ire,
Dans une longue rue où des bouts au milieu
On voit écrit partout le nom de Richelieu,
Un pâté de maisons que toutes les saisons
Émiettent en bouillie, et devant ces maisons
Dont chaque orage lave et disperse les plâtres,
Un théâtre fameux parmi tous les théâtres ?

Vous a-t-on raconté que ce lieu dégarni,
Déchu de sa splendeur et, depuis *Hernani*,
Rangé sans peine avec ses déités caduques
Parmi les magasins surannés de perruques,
Moqué, vilipendé, berné, mais incrusté
Dans son impénitence et dans sa vétusté,
Poursuit, provoque et bat, acharné dans son crime,
Les neveux de Ronsard, les amants de la Rime,
Et, depuis quarante ans, repousse d'un pied mûr
L'échelle romantique appliquée à son mur ?

* Voir *Les Burgraves*, trilogie par VICTOR HUGO, première partie, scène VII.

Vous a-t-on dit qu'il est pour la prose facile,
Qu'il fait du jeune un vieux, du maître un imbécile,
Que chez lui deux Empis (*) ont pu s'épanouir,
Que Legouvé l'enchante, et que pour réjouir
L'épicier qui conduit au spectacle ses nièces,
Il fit surgir parmi les plus mauvaises pièces
Que Scribe si prolixe en son temps délaya,
Le duc Job, ce funeste ouvrage de Laya ?

Savez-vous, si peut-être un vain espoir vous leurre,
Que ce théâtre aura deux cents ans tout à l'heure,
Et que, jeune depuis seize cent quatre-vingt,
Il attendait toujours que la raison lui vint ?
Êtes-vous au courant ? savez-vous que l'Ecole
Du Bon Sens a rempli la maison de sa colle,
Qu'elle y cuisine à gré son français peu choisi,
Et que, pris au cerveau par ce parfum moisi,
On y devient Ponsard et Laya dès qu'on entre ?
Savez-vous cela ?

LE LECTEUR.

Oui.

LE TÉMOIN.

Vous êtes dans cet antre ! ! !

* M. Empis et M. Mazères.

LA

Comédie Française

RACONTÉE.

CHAPITRE PREMIER.

Sans doute, pour traiter un si grand sujet, il faudrait le style de Bossuet et une plume d'aigle ; mais ces accessoires sont devenus extrêmement rares. Me conformant en cela au goût de ma nation et de mon siècle, je remplacerai donc l'éloquence par la clarté. Naguères, il fallait écrire tout un livre sans respirer et sans égayer la massive typographie par le moindre intervalle de blanc. Enfin, Girardin vint... et divisa sa page en un nombre indéfini d'alinéas, se souvenant qu'il faut toujours diviser pour régner. Imitons-le sur ce point, car *c'est par les beaux côtés qu'il lui faut ressembler*, et tâchons de saisir sans ordre, au hasard, d'une façon nette et vive, les innombrables aspects de la Comédie-Française. Autant d'aspects, autant d'alinéas. Et d'abord, pourquoi ne commencerions-nous pas par considérer en elle

L'INSTITUTION

Le privilége effroyablement exclusif concédé à la Comédie-Française a pour but d'empêcher que les maîtres ne soient déshonorés sur d'autres scènes par une interprétation médiocre. La Comédie reçoit par an une somme énorme, afin que la Porte-Saint-Martin, l'Ambigu, le Gymnase et le Vaudeville n'aient pas le droit de jouer Corneille et Molière. Peut-être est-il permis de supposer que Paulin-Ménier, Berton, Laferrière, madame Laurent et tant d'autres, que je pourrais nommer, arriveraient, après de longs efforts, à égaler M. Talbot et mademoiselle Devoyod! Mais là n'est pas la question. Cette première partie de son mandat, la Comédie s'en acquitte avec une conscience infinie. Ainsi, il est certain que M. Marc-Fournier, ayant sollicité la permission de représenter *Britannicus* avec un luxe de mise en scène pareil à celui qu'il avait déployé dans *L'Orestie*, on la lui refusa énergiquement, grâce aux démarches faites par la Comédie, de peur que Racine ne fût déshonoré.

La Comédie a en outre à faire respecter la tradition; elle la fait respecter avec idolâtrie. Ainsi, on apprend fidèlement aux néophytes à marquer la césure dans ces vers de Casimir Delavigne :

As-tu fait dans les champs — une moisson fleurie.
Je ne me plais qu'aux lieux — où je ne puis pas être.

Néron peut être joué *à la façon de Barbari, mon ami;* mais, scrupuleusement, l'acteur, en écoutant les reproches d'Agrippine, minaude *à l'instar de Talma* avec une écharpe de gaze.

Enfin, notre premier théâtre doit jouer les chefs-d'œuvre des auteurs vivants. Il les joue. *Mari à la campagne*, *Duc Job*, *Loi du Cœur*, et vous, pièces de Legouvé, vous ne l'ignorez pas!

Permets-moi, ami lecteur, d'entremêler ce travail comme une tresse de pourpre et d'or, et de faire tout de suite intervenir ici un personnage; car on se lasse bien vite du plus beau paysage, s'il n'est animé par la personnalité humaine. Je commencerai par Agamemnon, roi des rois, en d'autres termes, par

M. ÉDOUARD THIERRY

On sait quelle a été la carrière laborieuse et pure de cet excellent critique. Pendant trente ans, il a fait du journalisme avec conviction, avec talent, avec esprit, avec érudition, et sans fiel! A la Comédie-Française, qu'il dirige excellemment, — il n'y a pas d'homme plus libre et plus probe que lui, — on n'a rien à lui reprocher, si ce n'est, dit une légende sans doute inexacte, d'avoir épousé un peu trop ardemment les rancunes de madame Judith contre mademoiselle Anaïs. On a osé assurer que c'était là le motif pour lequel mademoiselle Anaïs joue si rarement. Je n'en crois rien.

Respect pour les écrivains illustres, tact, prudence, habileté à concilier, sage administration, M. Édouard Thierry a tout ce qui fait un bon directeur. Pourtant, — car il faut faire des révélations, — M. Édouard Thierry a dans sa vie passée une tache que ne laverait pas toute l'eau de l'Océan, et c'est même sur ce sujet qu'on a joué au boulevard un drame intitulé :

LA TACHE DE SANG

Édouard Thierry a été un familier des soirées de Victor Hugo à la place Royale; il a été un romantique; il a été poète. C'est en cette dernière qualité qu'il a poli et ciselé une admirable traduction de *La Fille de l'hôtesse* de Gœthe, mise en musique par Auguste Morel :

Trois compagnons passaient le Rhin,
Gais et portant la tête haute.
Ils arrivent au seuil de l'hôte :
— Holà ! bière fraiche et du vin !

— Comment se porte la famille?
Mère hôtesse où donc est ta fille?
— Buvez, mes hôtes sur le seuil,
Ma fille dort dans son cercueil, etc.

Hélas! ce n'est pas tout. En ce temps-là, Édouard Thierry, qui n'avait ni loi ni frein, a fait un recueil de vers, un vrai recueil de vers, imprimé, paginé et broché; il a commis ce crime comme un Soulary déchaîné ou comme un simple Baudelaire.

Dans ce volume, il y avait, *infandum!* des *castels*, des *varlets*, des *damoisels*, enfin toute la friperie romantique. On est jeune, après tout, et voilà comme on engage son avenir!

CE QUI EN RÉSULTE

Aujourd'hui, le fatal volume de vers, devenu un volume de Damoclès, est suspendu sur la tête de son auteur repentant.

En vain il a, comme un nouvel Hérode, recherché tous les petits exemplaires pour les égorger; quelques-uns d'entre eux ont échappé au massacre. Et, chose effrayante! Champfleury, le féroce directeur des Funambules, en possède un. Armé de ce menaçant volume, qu'exigera-t-il d'Édouard Thierry? L'esprit se refuse à envisager de pareilles catastrophes. Forcera-t-il l'administrateur de la Comédie à lui prêter Delaunay, Bressant et mademoiselle Plessy, pour les faire paraître sous des travestissements sans dignité dans une arlequinade frivole? C'est impossible.

Ou exigera-t-il que M. Thierry lui cède, pour les annexer au répertoire des Funambules, *Le Médecin volant* et *La Jalousie du Barbouillé*, ces deux esquisses de Molière, farouches et charmantes?

Quoi qu'il en soit, un serpent habite le sein d'Édouard

Thierry. Tous ses travaux sérieux, toutes ses lectures méritoires n'ont pu tuer en lui le vieux romantique. Ainsi, quand il ne trouve rien sous sa main pour couper les feuilles d'un livre nouveau, il lui arrive parfois de dire à Lachaume :

— Lachaume, où donc avez-vous mis mon couteau à papier... *de Tolède?*

Heureusement, ces rechutes sont rares et ne semblent pas devoir résister à un traitement homœopathique bien entendu. Pourtant, Édouard Thierry a contracté dans la fréquentation de Shakespeare de fatales idées sur le costume, qui pourront lui jouer un mauvais tour. Ainsi, je l'avoue à voix basse, on l'a vu partir un jour pour le spectacle de Fontainebleau, avec une chemise brodée et un gilet de velours. Il faut soigner cela.

UN FEUILLETON D'ÉDOUARD THIERRY

Édouard Thierry a toujours été, non-seulement le plus savant, le plus mesuré, le mieux informé, le plus habile, mais encore le plus doux et le plus indulgent des critiques, si j'en excepte Hippolyte Lucas, cet ange vêtu de la peau du lion.

Une seule fois Thierry se fâcha vertement, exaspéré par un manque d'intelligence par trop agaçant. Quelques jours avant celui qui éclaira sa nomination à la Comédie-Française, il avait publié un feuilleton dans lequel il constatait que mademoiselle Devoyod... Faut-il réveiller ce fatal souvenir?

Ma foi, oui!... Dans *Iphigénie en Aulide*, parlant du sang d'Agamemnon, qui s'indigne contre le meurtre d'Iphigénie, mademoiselle Devoyod tendait un doigt vers la terre et faisait des ronds.

Ce sang qui s'indigne, elle avait compris que c'était du sang répandu à terre!

Aujourd'hui, Édouard Thierry n'a pas l'air de trouver mademoiselle Devoyod trop déplacée à la place de mademoiselle Rachel!

De même qu'un consul romain devait être escorté de licteurs, un directeur de la Comédie-Française ne saurait marcher sans les lecteurs; car, à ce théâtre, les auteurs qui ne sont pas encore joués ont deux lecteurs; mais, en revanche, après qu'ils ont été joués, ils n'ont souvent pas un seul lecteur. De M. Laffitte, rien à dire, sinon qu'il est le goût et la bonté personnifiés; quant à son talent littéraire, il n'est ignoré de personne. Mais qui serait mis en vedette si l'on n'y mettait pas

M. GUILLARD

Devenu aujourd'hui le ferme soutien de la Comédie, qu'il aime d'un ardent amour jusque dans son passé le plus reculé, M. Guillard a fait un long stage chez Jules Janin. Ce maître dans l'art de bien dire, qui se fait quelquefois des illusions, avait conseillé à M. Guillard de faire avec chacun de ses feuilletons une pièce en cinq actes, lui jurant que par ce moyen il obtiendrait une gloire impérissable. M. Guillard obéit d'abord; mais, après avoir exécuté ce travail sur trois cent cinquante feuilletons, il manqua de suite dans les idées, se découragea et jeta le manche après la cognée.

Tout cela ne l'empêcha pas d'avoir au théâtre vingt succès éclatants et fructueux, et celui de *Clarisse Harlowe*, écrite d'après le livre de Janin, ne fut pas le moindre d'entre eux. Avec cela, M. Guillard, devenu le secrétaire-général de Molière, se montre, dans l'exercice de ses fonctions, obligeant et modeste. Rien n'eût troublé son bonheur, s'il n'eût cru devoir arborer, en arrivant à la rue de Richelieu, un symbole plus redoutable qu'il n'en a l'air, et s'il ne se fût pas irrévocablement marié à

SA CRAVATE BLANCHE

Qu'il pleuve ou que le dieu exterminateur lance ses flèches d'or, qu'il soit l'heure du café au lait ou l'heure de l'absinthe, que ce soit le jour des courses ou le Mercredi des Cendres, que la scène se passe au boulevard de Gand ou dans la rue Maubué, M. Guillard a toujours sa cravate blanche.

Grave imprudence !

Le visage humain n'aime pas qu'on l'humilie par une combinaison si audacieuse, et qu'on le compare d'une façon trop immédiate à un objet pareil à la neige. Dans ces cas-là, il se révolte. Or, quand le visage humain se révolte, le sang l'envahit. Si le sang choisissait toujours les pommettes des joues, il n'y aurait que demi-mal ; mais le sang ne choisit pas : les yeux, le nez, tout lui est bon.

C'est par un tel accident que faillit être frappé M. Guillard. Déjà son nez commençait à prendre les teintes pâles, vaguement et idéalement rosées de l'églantine des bois.

— Je suis perdu, se dit M. Guillard, si l'on ne met pas sur moi quelque chose de rouge, pour que le rouge efface l'effet de cette nuance rosée qui me menace !

Heureusement, les honorables travaux de M. Guillard, vingt pièces réussies, une carrière brillante et bien remplie, permettaient de lui mettre très-légitimement à la boutonnière ce qu'il y a au monde de plus rouge.

D'ailleurs, M. Guillard est pour M. Édouard Thierry un lieutenant si bien inspiré et si vaillamment fidèle, qu'il mérite de suivre la fortune ascendante de son chef. Il a été nommé chevalier de la Légion d'honneur quand M. Thierry a été nommé officier ; il sera nommé officier quand M. Thierry sera nommé commandeur, et ainsi de suite. Ajoutons que le nez de M. Guillard est heureusement revenu à sa couleur naturelle.

Cela tient sans doute à ce que M. Guillard, qui adore le

calme, a vu le calme rentrer à la Comédie-Française le jour où elle s'est séparée du seul homme violent qui troublât sa quiétude. J'ai nommé

BEAUVALLET

Cet excellent, ce dernier tragédien, qui pouvait mettre un magnifique organe au service d'une diction sans défaut, disait les stances du *Cid*, les stances d'*Athalie* et les stances de *Polyeucte* comme elles ne seront pas dites de longtemps sur la scène du Théâtre-Français. Merveilleux dans l'art de composer et de costumer un rôle, il était l'acteur né des poètes, car il savait la prosodie et le vers français en poète. Mais il eut deux défauts qui créaient entre la Comédie et lui une cause perpétuelle d'irritation. D'abord, il adora Racine, crime plus impardonnable que tous les autres; puis enfin, s'il faut tout dire, les mignardises du langage lui étaient inconnues, et il ne parlait pas toujours à la Dorat.

Sous le règne de Louis-Philippe, un personnage célèbre, uni à une éminente actrice du Théâtre-Français par une amitié qui n'était un mystère pour personne, rencontra Beauvallet sur l'escalier des loges.

— Pourriez-vous me dire où est mademoiselle X...? demanda-t-il.

Beauvallet fit une de ces réponses qui attestent sa courageuse prédilection pour le mot exact.

— Comment! elle est aux dieux! répéta l'homme politique, à qui l'admiration qu'il professait pour l'aristocratique beauté de mademoiselle X... n'avait pas permis d'entendre plus exactement le barbarisme de Beauvallet.

Puisque le hasard m'a fait écrire un nom de comédien, continuons par les portraits (rapides!) de quelques comédiens. A tout seigneur tout honneur! Je ne puis mieux faire que de mordre d'abord la bouche des clairons en faveur de la personnalité imposante de

M. SAMSON

Ce roi constitutionnel des sociétaires s'est emparé de Molière et ne le lâche pas. A Auteuil, il est allé habiter une maison d'où l'on voit celle qu'habita Molière, afin de le tenir toujours sous sa coupe. Discours de banquet, d'entrée, de sortie, de fermeture, de réouverture, montrent décidément que Molière se sent dompté et n'ose souffler mot. Le seul malheur, c'est que, Molière étant mort avant M. Samson, M. Samson ne pourra prononcer de discours à l'enterrement de Molière.

Vêtu en Renommée, avec une robe semée de langues peintes et une chevelure de rayons, tenant aux mains des palmes frissonnantes, M. Legouvé voltige sur la tête de M. Samson et le guide vers le petit enclos où sont le Temple du Goût, le Temple de Mémoire, le Temple de Gnide, et généralement tous les temples littéraires en sucre candi.

A la naissance de M. Samson, on donna un grand festin, auquel on avait invité toutes les fées, et chacune des fées parla à son tour et lui fit quelque don. C'était miracle d'entendre toutes leurs jolies voix. Elles disaient : — Tu seras sociétaire! — Tu seras l'auteur applaudi de pièces en cinq actes, en vers! — Tu seras membre de la Société des Artistes Dramatiques! — Et de la Société des Auteurs Dramatiques! — Membre du Comité! — Membre de tous les comités! — Poète! — Excellent professeur! — Et tu feras des élèves comme Rachel! — Et tu feras des cours applaudis dans un amphithéâtre illustre! — Tu seras estimé! — Tu seras admiré! — Tu seras décoré!

La dernière qui vint fut la fée Thalie, qu'on avait oubliée, et elle parla la dernière et dit : — Tu ne seras pas comédien!

Elle exagérait. M. Samson est bon comédien. Continuons la revue des artistes du Théâtre-Français :

FRÉDÉRICK LEMAITRE

N'y est pas.

PROVOST

Quel admirable costume du temps il porte, dans *Les Femmes savantes!* avec des bariolures si amusantes et si vraiment locales! Bon professeur, bon comédien, favorisé par la nature d'une façon inouïe; car ses cheveux blancs, son nez pointu et son menton pointu qui se rejoignent, modelés par quelque Criushank de la sculpture, concourent à former un masque comique inimitable. Son fils

EUGÈNE PROVOST

a aussi le même nez pointu et le même menton pointu qui se rejoignent, modelés par quelque Criushank de la sculpture, mais il n'a pas les cheveux blancs. Il faudrait lui acheter les cheveux blancs.

MAILLART

Grave, élégant, distingué, l'allure d'un gentilhomme, beaucoup de talent, beaucoup de flamme, beaucoup de passion, une diction excellente. Il déteste son état et il adore la chasse. Tout le temps qu'a duré son martyre, il comptait et à mesure effaçait sur un petit calendrier les jours de labeur qui lui restaient à subir.

A présent il est libre et retourne au désert.

GEFFROY

Un grand acteur, qui, sur une autre scène, eût fait des monceaux d'or. — Chut ! un amant déguisé du grand art. Il fallait voir ses costumes de *Don Juan*, surtout le costume de campagne avec les bottes fauves ! Ne rappelons ni Alceste, ni Ulysse, ni Œdipe, ne le trahissons pas ; ses cardinaux lui feraient un mauvais parti. Mais il faut être fidèle à la variété promise. Laissons pour un moment cette galerie vaguement esquissée, et arrivons au monument.

LA SALLE AUTREFOIS

Oh ! comme elle était peu de chose, la salle où jouaient les pauvres comédiens de Molière ! Des décors sans vraisemblance, des loges mal commodes, un parterre où l'on était debout et où l'on s'éventrait, une scène où les seigneurs empêchaient les comédiens d'aller et de venir, le néant, la pauvreté, l'enfance de l'art ! *Seulement*, l'esprit de la muse était là.

En ce temps évanoui, la salle était éclairée par des chandelles fumeuses et par le génie le plus lumineux et le plus rayonnant qui fut jamais, par ce génie qui, autour de lui, enflammait tout, hommes et femmes, et créait la vie passionnée.

Aujourd'hui, la salle est éclairée au gaz.

—

Il y a vingt-cinq ans, la salle actuelle, non encore restaurée, était un édifice noir, mangé au dehors par des ruelles étroites et boueuses qui venaient cogner le front de leurs maisons contre le sien. Au dedans, c'était une salle à grisailles, triste, terne, froide, mal éclairée, un Odéon des mauvais jours. Pas de toilettes. Un orchestre composé de musiciens endormis et d'amateurs effarés qui venaient voir la comédie. Le chef d'orchestre avait renoncé à concilier les humeurs différentes de ses musiciens : chacun jouait vite ou doucement, à son gré, et poursuivait sans être troublé telle ou telle rêverie. On jouait encore *Le Festin de Pierre* (en vers !) en laissant à chaque comédien la liberté de se costumer d'une manière différente, qui en Louis XIII, qui en Louis XIV, Menjaud (je le vois encore,) avec un bel habit nacarat à broderies d'or et d'argent, fait pour Marivaux, et une perruque poudrée. Mais

Il y avait Monrose, c'est-à-dire le diable ou Voltaire jouant la comédie ; Firmin, plus duc que les ducs ; mademoiselle Mante, mademoiselle Mars, et, parmi tous ces gens-là, quelque chose qu'on ne voit pas, mais qu'on sent, et qui est l'enthousiasme. Le chef de claque, maigre colosse au menton bleu comme celui de Ligier, se demandait pourquoi il était au monde et pouvait laisser ses mains devenir douces et blanches, car le public applaudissait plus vite et plus fort que lui. Il n'avait vraiment à intervenir que dans les rares occasions où la gravité du public était momentanément détournée de son objet par une de ces entrées inopinées que font quelquefois au milieu d'une scène

LES CHATS

Les chats sont une des séductions et une des grâces de la Comédie-Française ; elle en a de blonds, elle en a de noirs, elle en a de roux, de jeunes, d'enfantins, à longues moustaches, à poses de sphynx, enfin de quoi exterminer un monde de souris. Ceci au figuré, car le monde de souris existe et n'est jamais exterminé. Cela tient à ce que la Comédie possède des greniers, des chambres, de vastes pièces remplies de meubles de tous les temps avec les étoffes originales, collection admirable, par parenthèse, mais qui donne asile à une foule de rats.

A la première représentation de la *Judith*, de madame de Girardin, jouée par Rachel, belle, charmante, pâle sous ses voiles éclatants, au moment même où on parlait des tigres qui désolaient la campagne de Béthulie, deux ou trois beaux chats entrèrent en scène, traversant les rochers de toile peinte et sautant de l'un à l'autre, en y laissant traîner leurs longues queues soyeuses.

Tout fut dit. De ce moment-là, le génie combattait en vain : les chats du Théâtre-Français, qui ne peuvent pas manger les souris, avaient mangé la pièce !

—

Que de choses encore il me reste à indiquer d'un crayon fugitif ! Les réparations de la salle, l'installation provisoire pendant les travaux, les loges, le foyer des comédiens, dont je n'ai pas dit un mot, et tant de portraits me restent à faire, dussé-je, comme les enfants, les charbonner en deux traits ! Ceci, il est vrai, n'est qu'un premier chapitre ; mais je le relis, et il éveille en moi un remords, car il manque de femmes ! Je veux du moins réparer cela, autant que possible, en griffonnant ici un ou deux profils à la sanguine.

MADAME ÉMILIE GUYON

qui possède une rare et parfaite beauté, des traits imposants et calmes, un teint blanc et chaud, des yeux splendides, une bouche royalement coupée, que ne dépare pas la vague moustache de duvet, une chevelure abondante et riche, des bras de statue, une voix grave et sonore, qui facilement s'assouplit, est un témoignage redoutable de cette faculté que la Comédie-Française a d'éteindre les gens.

Elle est si belle pourtant dans Rodogune, avec ses terribles draperies noires où l'or ruisselle! Peine perdue. Madame Émilie Guyon, qui au boulevard entraînait, dominait, énamourait la foule, semble là grise et terne, car il y a des destinées! Au boulevard, elle n'était embarrassée de rien, pas même des travestis. Jamais elle ne fut plus séduisante que dans *Le Roi de Rome*, de Léon Beauvallet.

L'habit blanc et la culotte bleu-ciel mettaient en relief des détails irréprochables, et la blonde chevelure formait, avec les yeux et les sourcils noirs de madame Guyon, le ragoût le plus piquant. Un Anglais, qui tous les soirs venait se ravir de ce spectacle, avait été surnommé par les titis de l'Ambigu : *l'amoureux du roi de Rome.*

On connaît aussi le mot éloquent du *voyou* à son camarade :

— Viens-tu prendre une prune avec moi dans la rue Basse? nous causerons de madame Guyon!

MADEMOISELLE FAVART

Tourterelle mourante! Aricie, Marie de *Louis XI*, Psyché, l'héroïne poétique d'*On ne badine pas avec l'amour*, elle joue tout en tourterelle mourante, avec une pudeur à exaspérer la Pudeur même. Et dire que la nature lui avait donné le profil puissant et gracieux, la bouche fière d'une Pallas Athéné! Levez les yeux, mademoiselle, ils sont assez beaux comme cela, tout d'esprit et de flamme!

CHAPITRE DEUXIÈME.

Y aurait-il plaisir à écrire des ouvrages littéraires, et ne serait-ce pas un métier de misérable, pire que celui de l'esclave en Tunis et du forçat dans son bagne, si l'on ne pouvait de temps en temps y introduire une petite

DIGRESSION

Quand il fut d'abord question des travaux d'embellissemen du Théâtre-Français, un poète avait suggéré un plan aussi simple que pratique. On aurait jeté bas le monument, et, après en avoir extrait et pulvérisé avec soin les fondations, on l'aurait remplacé par un immense parterre de rosiers, au milieu duquel une statue de la déesse Aphrodité, exécutée par Carrier-Belleuse et entourée d'eaux jaillissantes, aurait inspiré aux mortels le respect de la beauté physique.

Le personnel du théâtre aurait été casé d'une manière conforme à ses aptitudes. Tous les hommes auraient été nommés chevaliers de divers ordres, et toutes les femmes membres de l'Académie française. Edouard Thierry, accablé d'honneurs et de dignité, aurait, comme Attale, blanchi sous la pourpre. Quant à MM. Legouvé et Laya, après les avoir chargés de chaînes et les avoir enfermés dans un cachot humide avec les honneurs dus à leur rang, on les aurait fait périr dans les supplices, à moins, chose peu probable, qu'ils n'aient consenti à abjurer.

Quant à Verteuil, il aurait été changé en une fleur qui aurait porté son nom.

Il est inexplicable qu'un projet si raisonnable n'ait pas été adopté, à la gloire des roses ! qui me fournissent une transition naturelle pour parler de

MADAME MADELEINE BROHAN

C'est la belle entre les belles. Aux temps divins de la sculpture, ni les rhodiens Polydoros, Agésandros et Athénodoros, ni Tauricos et Appollonios, ni Pyromachos, ni Agasias d'Ephèse, fils de Dosithéos, ni Charès de Linde, ni Cléomène d'Athènes, ni Glicon, ni Lysippe, ni Myron, ne faisaient mieux que cela.

Mais cette idéale statue vit, respire, parle et joue la comédie en éminente artiste. Elle a des cheveux et TRENTE-DEUX dents que n'a jamais touchées l'outil du dentiste. Faites le tour de la société, et que chacune vous en montre autant ! Elle a de l'esprit, et du plus délicat et du plus fin, sans pourtant avoir, comme mademoiselle

AUGUSTINE BROHAN

Trop d'esprit.

Cet ancien rédacteur du *Figaro* s'est amusé un soir à compter sur les doigts toutes les étoiles du ciel. Après les avoir comptées, il s'est promis de faire un nombre de *mots* égal à ce nombre d'astres ; il les a faits, il les a rangés, il s'en sert et il est heureux.

Il est certain qu'à certaines époques de sa vie, elle se montra romanesque. Oubliant sa qualité de servante chez

Molière, elle jouait Nicole et Martine enveloppée de voiles de gazes et avec des pâleurs funéraires. En ce temps-là, elle écrivait à un de ses amis des lettres d'affaires qu'elle signait : Ophelia! Augustine Brohan sait beaucoup d'historiettes; elle sait même toutes les historiettes. Une de celles qu'elle raconte beaucoup mieux que ne pourrait de faire le *témoin des fautes de la Comédie Française* est celle de

LA FEMME DE PRÉCAUTION

C'était sous le règne du roi Charles X. La Comédie-Française était heureuse, car elle avait pour administrateur le nommé Daphnis. Oh! c'était une noble tête de jeune homme, calme et belle! si belle, si calme et si noble qu'elle fut avantageusement remarquée par une célèbre soubrette de cette époque. Augustine Brohan, Dinah Félix et mademoiselle Bonval sont trop jeunes pour l'avoir vu jouer, mais elles ont pu encore l'apercevoir dans sa loge, si gaie et spirituelle sous ses cheveux blancs et avec ses robes d'antique damas violet ou vert-bouteille.

Cette soubrette, nommée Zerbine, avait serré les liens d'une amitié étroite avec Clitandre, personnage politique dont l'influence sur les destinées de la comédie étaient incalculabes. Loin de délaisser Clitandre à cause de Daphnis, depuis son idylle avec ce dernier, elle n'encourageait que plus les assiduités de l'homme d'Etat.

Aussi Daphnis était choyé comme ami, mais, en sa qualité de directeur, traité de turc à more. Refusait-il d'ôter injustement un rôle à mademoiselle X..., ou d'exiler mademoiselle Y... ou de donner à Zerbinette un congé de six mois, Zerbine allait chercher Clitandre, l'emmenait sans lui laisser le temps de respirer, et lui disait : Vous allez venir tancer Daphnis, et vertement!

Clitandre y allait comme un chien qu'on fouette, mais il y

allait. Quelquefois, par bonheur, Daphnis était absent, son cabinet était fermé à clef; alors Clitandre respirait. « Vous voyez, disait-il à Zerbine, je puis m'en aller. Ce que vous désirez est impossible, puisque Daphnis n'est pas là. »

— Ça ne fait rien, s'écriait Zerbine, je sais où il met sa clef!

En effet, elle allait à la cachette, prenait la clef, et enfermait Clitandre dans le cabinet de Daphnis, après lui avoir dit :

— Restez-là, soyez bien sage, ne bougez pas, ne touchez à rien, et quand Daphnis viendra, vous lui ferez sa scène !

CHÈRES LECTRICES

Femmes brunes, bleues, blondes, noires, rousses, âgées de dix-huit ans, de seize ans, de soixante ans, d'un an, manantes, bourgeoises et duchesses, chefs-d'œuvre divers de la création, rassurez-vous, j'arrive à M.

BRESSANT

Du premier Amadis je vous offre l'image,
Il fut doux, gracieux, vaillant de haut corsage,
J'y trouverais votre air à tout considérer,
Si quelque chose à vous se pouvait comparer.

La Victoire pour lui sut étendre ses ailes,
Mars le fit triompher de tous ses concurrents,
Passa-t-il à l'Amour? Il eut le cœur des belles,
Vous vous reconnoissez à ces traits différents.

Nul n'a porté si haut cette double conquête.
Les deux moitiés du monde ont su vous couronner
Et les myrtes qu'Amour vous a fait moissonner
Sont tels que Jupiter en aurait ceint sa tête.

En vous tout est enchantement.
Plus d'un illustre événement

Rendra chez nos neveux votre histoire incroyable.
Vos beaux faits ont partout tellement éclaté
Que vous nous réduisez à chercher dans la Fable
L'exemple de la vérité.

La Fontaine.

J'ai connu à Trouville une jeune baigneuse, penchante, souffrante et mourante, qui était venue là pour rétablir sa santé. Ajoutons pourtant qu'elle était blanche, grasse, dodue, et d'un aspect très-appétissant avec ses yeux malins, son petit nez retroussé et ses cheveux roses. Elle me faisait l'honneur de se plaindre à moi de M. son mari, gentilhomme superbe, qui semblait construit par les Romains.

— Ah ! Monsieur, me disait-elle, quel homme peu poétique ! Enfin, figurez-vous, il me conduit au Gymnase. On jouait une très-jolie pièce, où Bressant était en danger de mort. Moi, je tombe à genoux dans la loge, et je me mets à crier de toutes mes forces : « Mon Dieu ! sauvez Bressant ! » Eh bien, Monsieur, croiriez-vous qu'il a trouvé cela ridicule ?

M. WORMS

Comédien plein d'espérance, déjà habile, savant et sérieux, a eu le malheur de faire sa première création importante dans *La Loi du Cœur*. On n'est pas parfait. S'il faut en croire la médisance, cet artiste excellent est, comme homme, un peu enclin à se laisser admirer par un sexe dont tous les caprices doivent nous être sacrés. On a parlé de ses rigueurs envers une jeune tragédienne en bas âge. Toute en pleurs, cette harmonieuse enfant exhala des plaintes qui rendirent

AUGUSTINE BROHAN POÈTE

Car ayant accordé sa lyre, comme si elle n'avait fait que

cela de sa vie, elle improvisa immédiatement et sans douleur le distique suivant :

> Chacun te dit cruel, jeune et trop charmant Worms !
> Sois-le donc, mais du moins, enfant, mais-y des form's.

Une autre version attribue ces vers à M. Legouvé ; mais aurait-il trouvé en lui ce grand mouvement lyrique ? — Il est temps que nous entrions au nouveau foyer des artistes. En y allant on passe forcément devant le café du Théâtre-Français, récemment reconstruit et embelli. La nouveauté qu'on y remarque, c'est qu'au lieu d'être collés au plafond, comme jadis, les tuyaux de gaz, parfaitement dorés, s'étalent librement dans l'espace et inaugurent avec fierté l'ère de l'architecture moderne. En passant devant le café on voit

LE MAITRE DU CAFÉ

Depuis 1680, il casse toujours du sucre.
Quel est donc ce mystère ?
Car en une journée il casse dix mille fois plus de sucre que ne pourraient en consommer en un an tous les gens qui prennent du café dans les cafés. Comme le maître du café du Théâtre-Français casse toujours du sucre, de même

LE PORTIER DU THÉATRE-FRANÇAIS

Fume toujours sa pipe devant la porte.
Il est devant plus de portes qu'il n'y en a,
Et il fume plus de pipes qu'il n'en possède.
Pourquoi ce portier fume-t-il toujours des pipes devant la porte, et pourquoi ce cafetier casse-t-il toujours du sucre ?

La réponse à ces questions est la même que la réponse à la question : « Pourquoi le hareng est-il le plus intrigant de tous les poissons ? » C'est : « On n'a jamais pu le savoir. »

LE FOYER DES COMÉDIENS

ressuscité des morts par un architecte qui vient à bout de ce qu'il entreprend, est une grande pièce, pompeuse, élégante et comfortable, à laquelle on arrive par un escalier dont les paliers et les murailles sont arrangés en salons, ornés de tableaux et garnis de siéges commodes. Comme toujours, la Muse s'en est allée au moment où elle allait être bien logée.

En écrivant ce mot *logée*, je ne fais pas allusion aux loges ; car, pour ne pas altérer la régularité de la façade nouvelle donnant sur la rue Saint-Honoré, assez bien raccordée au reste de l'édifice, ornée d'un long balcon, de candélabres et de bas reliefs, l'architecte s'est montré féroce. La façade avant tout, et l'intérieur des loges s'arrange comme il peut. Ces habitacles sont pour la plupart éclairés par une fenêtre creusée à leurs pieds, de sorte que le comédien qui s'y habille voit les becs de gaz de la rue jeter des torrents de lumière sur ses bottes, tandis que les deux uniques becs de gaz accrochés à droite et à gauche de sa glace projètent sur son visage et son torse une obscurité flamboyante.

Encore, s'il y avait des persiennes !

Mais l'architecte est un classique, qui n'a pas voulu de persiennes.

Devant la façade nouvelle s'étend un jardin soigneusement planté en asphalte, au milieu duquel s'élèvent des arbres adultes, à cuvettes et à torchons, transplantés par le nouveau système, et des bancs en fer creux.

Les bancs en fer creux fleurissent quelquefois.

Une grande singularité de la façade nouvelle, qui se relie aux appartements du Palais-Royal, c'est qu'elle enserre dans une de ses ailes l'oratoire de la princesse Clotilde, orné comme sa destination l'exige, de vitraux de sainteté.

L'architecte, qui n'avait pas pensé à cela, — un architecte même ne s'avise pas de tout! — avait ordonné sur les deux ailes des bas-reliefs représentant des masques comiques.

Quand on en fut à l'exécution, on comprit ce qu'il y aurait d'inconvenant à orner de masques l'extérieur d'une chapelle. Par malheur, les masques comiques étaient déjà sculptés sur l'aile opposée. Faisant contre fortune bon cœur, on espéra qu'en allant très-vite, cela ne se verrait pas, et on les remplaça sur le mur extérieur de l'oratoire par de vagues instruments de musique du dix-huitième siècle, lyres et tympanons, qui, avec beaucoup de complaisance, peuvent s'appliquer à l'église comme au théâtre.

LES TRAVAUX D'EMBELLISSEMENT

avaient exigé des démolitions et des remue-ménage terribles : il avait fallu démolir les foyers, les loges, les escaliers, la salle du comité, le cabinet de M. Thierry et même *infandum!* le cabinet du pauvre Verteuil !

Cependant, la Comédie ne pouvait pas interrompre ses travaux d'où dépend le salut de la France. En face de la maison de Molière titubaient, ivres, ventrues, dégingandées, accablées de vieillesse, de délire et d'horreur, des maisons effondrées, mal famées et réduites aux plus vils usages. Les locataires de ces antres reçurent congé pour cause d'utilité publique, et

LE PONT VOLANT

avec toit et fenêtres, fut jeté d'un côté de la rue à l'autre. Mais il s'agissait, entreprise impossible et dérisoire ! d'approprier provisoirement les maisons maudites aux besoins de la comédie. Oh ! à quels efforts se livrèrent les peintres, les ponceurs, les menuisiers, les arracheurs de papiers, les colleurs de papiers ! Vaines chimères ! Sous le papier gris, sous le ponçage, sous les couches à l'huile, les vieilles taches travaillaient comme des journalistes forcés de gagner leur vie, et soudain reparaissaient sur les peintures nouvelles, comme les ulcères combattus par des tisanes émollientes. O comble de l'horreur ! ces taches d'huile, laissées là par les alliés en 1815, prenaient la forme de profils ironiques, et contemplant Labrie, Lachaume, Verteuil lui-même, semblaient leur dire : « Les travaux ne seront jamais finis ! »

Ils finirent pourtant, car tout finit. Mais, jusque-là, que d'ennuis, que de souffrances, que d'épreuves à endurer ! La salle du comité, ordinairement funèbre comme une tombe, était là visqueuse et hideusement abominable. Edouard Thierry demeurait dans le crépuscule, Verteuil dans l'ombre vague, et c'était dans la nuit noire, sans lune et sans étoiles, près d'un poêle invraisemblable et d'une armoire paradoxale, qu'on rencontrait dans une cabine de navire, en face de l'affiche du jour accrochée à un clou.

LABRIE ET LACHAUME

Ces deux personnages historiques (1680,) ont été inaugurés à la même heure que la Comédie. Lachaume, au visage bon, mais malin, Labrie, à la physionomie naïve, mais railleuse, voient passer les dynasties, et écrivent en secret des mémoires auprès desquels ceux de Barbier ne seront que de la Saint-Jean. Tous les deux savent à quelle heure précise mademoiselle Georges Weimer, alors élève du Conservatoire, commit la faute irréparable de se laisser pour la première fois baiser la main par Michelot, — disent les chroniqueurs, — le même Michelot qui créa le rôle de don Carlos dans *Hernani*. Il faut avouer que ce comédien était né sous une heureuse étoile !

Huissier de la comédie, Lachaume, vêtu d'un habit noir à la française, sur laquelle s'étale une chaîne d'acier, est occupé depuis cent quatre-vingt-trois ans (1680) à laisser pousser ses moustaches. Il est dans son droit. Assurément, la Comédie ne serait que juste en l'expulsant *de son sein*, s'il portait ses moustaches et si elles étaient poussées ; mais, ne les portant pas, il a le droit de les laisser pousser, puisqu'elles ne finissent jamais de pousser. Hélas ! en 1680, c'était un duvet fugitif comme celui qui colore à peine les lèvres d'Adonis enfant ; aujourd'hui elles sont dures et grisonnent ; mais toujours elles ne sont pas poussées et poussent. En somme, Lachaume est un excellent serviteur, exact, fidèle, poli, bien intentionné, et d'une probité antique.

Labrie aussi. Parfois cet homme de Plutarque s'endort en face de l'affiche, d'un sommeil qui dure une vingtaine d'années, et, à son réveil, chargé d'expédier aux journalistes le service des premières représentations, leur envoie leurs billets dans des rues démolies, sur l'emplacement desquelles on a planté des squares, où le vent agite les rameaux des chênes. Oh ! que Lachaume et Labrie se sont ennuyés dans la petite cabine noire ! Ils n'étaient pas seuls à souffrir. A cette époque, les comédiennes jouaient dans la belle maison et s'habillaient dans les maisons maudites ; si bien que, lorsqu'elles entraient en scène, épaules nues, vêtues de soies brillantes et pompeusement coiffées,

D'HORRIBLES GRAPPES

de punaises... — ce mot infect peut s'écrire depuis que Henri Heine lui a donné asile dans sa poésie splendide. Il disait : La colère d'une seule punaise est plus à craindre que celle de cent mille éléphants ! — d'horribles grappes de punaises tombaient des plafonds défoncés sur ces cous blancs, sur ces épaules charmantes, sur ces bras de lys ! *Horrible! most horrible!* mais depuis lors, il a passé tant d'eau sous les ponts, et sur tous ces trésors, sur ces lys, ces roses, ces marbres, ces albâtres, ces ivoires, ces chairs délicates, tant de poudre de riz ! C'est pourquoi il faut nous consoler, car la poudre de riz efface tout, et que deviendrions-nous, dieux immortels ! si elle n'effaçait pas tout ?

Maintenant, monsieur le photographe,

LES PORTRAITS-CARTES

sont-ils poncés, collés, vernis, cirés, rognés, en état d'être jetés en pâture à l'idolâtrie des masses ? Oui, eh bien, alors, passez le paquet, passez l'album !

DELPHINE FIX

A de jolis traits gracieux et pensifs. Artiste exquise et même courageuse, car dans *Le Bonhomme Jadis* elle a réalisé trait pour trait l'admirable aquarelle lavée à son intention par Tony Johannot, et pour cela elle a eu la conscience de mettre des souliers à cothurnes !

ROSE DIDIER

Gentille, gentille, oh ! si gentille petite échappée du Gymnase, en rupture de ban.

ÉMILIE DUBOIS

Grande, svelte, délicate. Pas de génie, mais un caractère. A toutes ces belles raisons, elle a répondu : « Je veux être sociétaire tout de suite. » Et foin des beaux discours.

Il a fallu céder et la faire sociétaire tout de suite. Quand elle était toute petite enfant, c'était un spectacle amusant de la voir jouer dans la même pièce à côté de madame Allan pensionnaire, et d'entendre la pensionnaire dire tout bas du bout des lèvres à son élève la toute petite enfant sociétaire : — Plus haut ! — Plus bas ! — Un pas en avant ! — Tenez-vous droite ! C'est la plus illustre femme blonde de ce temps, madame de Girardin, qui a fait cadeau à la Comédie de cette jeune blonde. Mademoiselle Émilie Dubois est coiffée de quelque chose de fugitif, de transparent et de charmant qui est des cheveux blonds. Elle ravit les cieux et les fleurs écloses, mais si jamais elle rencontrait les souliers de mademoiselle Mars, elle fera bien de ne pas marcher dedans. Au fait, elle est adorable.

JEANNE BONDOIS

Sœur d'Émilie Dubois.

La sœur de Jeann' Bondois,
C'est Emili' Dubois ;
Car Emili' Dubois
A pour sœur Jeann' Bondois !
La rifla, fla, fla, etc.

NATHALIE

La seule peut-être qui mérite qu'on dise d'elle, avec tout l'enthousiasme que justifie ce mot divin :

C'EST UNE FEMME !

MADEMOISELLE DEVOYOD

est belle, et toutefois représentait mal Vénus dans la *Psyché* de Molière et de Corneille. Des traits délicats et hardis, une lèvre à laquelle l'impalpable moustache sied bien, une stature de déesse l'ont mise... à la place de Rachel ! J'ai eu le plaisir de l'apercevoir à cheval aux Champs-Élysées, en habit masculin ; elle porte avec une vraie distinction ce costume, dont elle connaît le fort et le faible.

MADEMOISELLE FIGEAC

était cachée dans une touffe de myrtes le jour où les trois sorcières, sous les éclairs de la nue enflammée, donnèrent à Laferrière et à Déjazet le secret pour rester toujours jeunes. Le secret, elle le sait, puisqu'ayant bien trente ans, elle en paraît dix-huit ! Mademoiselle Figeac est non-seulement une très, très, très-jolie et très-jeune femme et une excellente actrice, mais encore une femme bonne et charitable. Elle se penche sur les misères et ouvre ses mains pleines ! Dernièrement, elle a royalement dédommagé d'un concert manqué l'institution de Notre-Dame-des-Arts ! De plus elle s'habille comme une duchesse qui s'habille bien, et les gants ont l'air d'être plus heureux sur ses mains que sur des mains de fées, comme les diamants adorent ses épaules. J'ai vu, il y a quelques années, mademoiselle Figeac au Café-Spectacle du boulevart Bonne-Nouvelle, dirigé par le capitaine Legras, qui avait écrit sur la première page de son prologue d'ouverture :

Et si vous m'accordez vos faveurs protectrices,
J'aurai doublement triomphé,
En vous attirant sans obstacle,
A mon café pour le spectacle,
Au spectacle pour mon café.

Et plus bas :

Cette brochure est offerte aux dames par le capitaine Legras, et ne se vend pas.

Dans ce prologue, mademoiselle Figeac, vêtue d'un maillot blanc, d'une petite redingote de cachemire blanc bordée à plat d'une bande de satin rose et coiffée d'une toque blanche agrémentée de rose, chantait :

Oui, fils d'Olivier Basselin,
Je suis le Vaudeville malin,
Je suis le Vaudeville !

O Alfred Vernet, Boisselot, Jenny, troupe du Café-Spectacle, rideau peint en satin blanc, capitaine Legras qui mordiez toujours vos moustaches !

LA FEMME-AUX-ROSES

Cette fois, pour terminer, et puisque nous avons été forcé par notre conscience de parler des *horribles grappes*, faisons oublier cette anecdote par une histoire qui sente bon ! C'était à la Comédie-Française, autrefois.

Il y avait une belle dame qui aimait à la passion les roses effeuillées.

A cette époque de l'année où le parfumeur Lubin fait avec les roses ses préparations chimiques et a devant son officine des claies immenses sur lesquelles les tas de roses effeuillées s'élèvent à deux ou trois pieds de haut, la dame en faisait acheter chez Lubin et, en remplissant sa loge, en couvrait les meubles, les tables, les divans, en jonchait les jardinières, les vases de Chine et tout ce qui pouvait contenir des roses effeuillées !

Mais, comme il arrive souvent, ce qui la ravissait la faisait mourir. Sa loge n'était pas plutôt pleine de roses que le délicieux parfum l'asphyxiait. Alors ses femmes de chambre n'étaient occupées qu'à remplir des vases de Chine avec les roses effeuillées et à emporter ces vases hors de la loge.

Et autour de cette loge cela sentait si bon, si bon, que tous les gens qui passaient dans le couloir pouvaient dire : « Je ne suis pas la rose, mais j'ai habité avec la rose ! » Aussi la dame avait été surnommée la Femme-aux-Roses. Egaré un soir au foyer de la Comédie, Pradier entendit ce nom charmant, et conçut l'idée de sa jolie statuette appelée la Femme-aux-Roses, cette femme nue, si svelte et si gracieuse, dont le corps est jonché de roses.

CHERS LECTEURS

J'ai déjà été plus long que je n'aurais voulu ; mais, comme l'annoncent les avocats : *Encore un mot, et j'ai fini :* ouvrier d'une maçonnerie idéale, et limousin de constructions purement chimériques, je vais hâter de tous mes efforts le moment où j'accrocherai le drapeau tricolore et la botte de fleurs sur ce petit monument dont l'éternité me semble aussi sérieusement assurée que celles des *Anti-Misérables* par Tapon-Fougas, et de *L'Examen Critique de la Versification française classique et romantique*, par Abel Ducondut !

se nomme Sylvanie. Etes-vous de mon avis? je trouve que d'elle ce nom délicieux dit tout, le talent, la beauté exquise, l'élégance absolue.

Alons-nous délasser à voir d'autres procès.

CHAPITRE TROISIÈME.

Au moment où la Comédie, livrée à la fureur de l'architecte, se laissait déchirer, comme Eson, pour être plus vite rajeunie, tout passant a pu admirer à l'exposition du boulevard Italien, où ils fuyaient la poussière de plâtre,

LES TABLEAUX DU FOYER

Ils gagnent pourtant à être vus à leur véritable place, dans ce salon d'une allure noble et vraiment pompeuse, dont la splendeur est augmentée encore par l'ineffable magie des souvenirs ; car parfois il semble qu'en tournant la tête, on va voir, assises aux places où elles trônaient, la grande Mars, ou cette blanche victime de la Vie et de l'Art, la sublime Rachel ! Aussi y a-t-il des moments où les poètes et les artistes qui entrent dans le foyer sont tentés de parler à voix basse.

Un meuble d'une élégance magnifique et sérieuse, en bois délicatement sculpté sous Louis XIV, gardant sa couleur naturelle et couvert d'un velours richement simple, une belle horloge du temps, des glaces grandes comme le désert du Sahara, une cheminée monumentale où brûlent des arbres déguisés en bûches et qu'on ne trouve plus que là, — car les ministères eux-mêmes en ont perdu le secret,

— feraient déjà du foyer de la Comédie, historique à tant de point de vue, une majestueuse demeure, qui ressemble au foyer du Vaudeville ou du Gymnase comme le palais de Fontainebleau ressemble à une chambre d'hôtel garni, à vingt-cinq francs par mois. (Car si les dieux n'y sont plus, le temple reste !) Mais sa parure sans prix, superbe et royale, ce sont les peintures que deux siècles y ont patiemment accumulées. Parmi tous ces tableaux, le plus connu peut-être, c'est

TOUTE LA COMÉDIE, PAR GEFFROY

La composition de cette toile célèbre est aussi simple qu'ingénieuse. En son costume de Célimène, dont le satin brille et miroite, celle qui, toute morte qu'elle est, règne encore sur la Comédie, mademoiselle Mars, est assise sur un fauteuil qui fait face au spectateur et qui, tout naturellement, éveille l'idée d'un trône. A ses pieds Chérubin-Anaïs, le bel oiseau bleu, regarde de son œil intelligent et fin; tous les Comédiens debout sont groupés autour de celle qui fut leur gloire et leur orgueil. Il y a là quarante portraits qui sont ressemblants à faire crier, et costumés et posés avec un art infini. Maintenant, est-ce de la bonne peinture ? Au point de vue absolu, la question n'a pas de sens ; car un artiste supérieur ne peut s'abstraire, même pour un instant, du moyen d'expression qui lui est propre. Dans ses tableaux les plus immortels, Michel-Ange est toujours un statuaire qui peint, et, même lorsqu'il donne à la race future *Notre-Dame de Paris* ou *Les Misérables*, Hugo n'est pas un prosateur; il est un poète lyrique, aux strophes ailées, qui accidentellement écrit en prose. Après ces illustres exemples, je n'éprouve aucune difficulté à avouer que *Toute la comédie* par Geffroy est de la peinture de comédien, de grand comédien, il est vrai, mais rien de plus, faite avec les moyens et les ressources du théâtre.

MONSIEUR VÉRON

Dont le nom doit forcément revenir partout où il s'agit des théâtres impériaux, M. Véron qui, par la toute-puissance du dieu Plutus, se paya tous les luxes, y compris celui d'être choyé, a eu un singulier caprice à propos du tableau de Geffroy. Il voulait en avoir chez lui une copie faite par l'auteur lui-même, et cette copie devait être si bien payée au poids de l'or, qu'il n'y avait pas moyen de la refuser au fameux Bourgeois de Paris. *Seulement*, comme M. Véron avait plus de sympathie pour le talent de mademoiselle Rachel que pour celui de mademoiselle Mars, il exigeait que mademoiselle Mars, chassée de son fauteuil, y fût remplacée par mademoiselle Rachel. Vainement les critiques les plus autorisés et le peintre lui-même objectèrent que la transposition demandée changerait de quinze années de date du tableau et par conséquent l'âge de tous les personnages, le Bourgeois fut implacable comme une pièce de cent sous, et il fallut lui obéir. Aux ventes futures, la copie sera certainement payée plus cher que l'original, grâce à la gigantesque faute d'orthographe qu'elle contient.

C'est ici le lieu de consigner une terrible anecdote relative à la célèbre Sophie, cuisinière de M. Véron, qui accommode si bien les haricots. M. Véron (hélas !) avait été, au vu et au su de tout Paris, l'ami d'une comédienne de génie que son idéale beauté ne préserva sans doute d'aucune des misères humaines. On se brouilla, comme il arrive toujours. C'est alors que Sophie disait :

— On ne fait pas de ces choses-là ! Non, véritablement,

monsieur s'est trop mal conduit avec mademoiselle Y... — Parce qu'il est fâché avec elle, il a mis son buste, un si beau buste en marbre, dans les... enfin, où dit M. Beauvallet ! Eh bien ! moi, je n'ai pas pu voir ça tranquillement ; j'ai repris le buste où il était, et je l'ai mis... dans ma chambre !

MOLIÈRE

vêtu à l'antique et couronné de lauriers,

Les portraits de mademoiselle Mars, de Baron, de Dugazon, de Baptiste cadet, du tragédien Brizard occupent le côté de muraille sur lequel se trouve le tableau de Geffroy.

Sur le côté qui fait face, nous trouvons l'admirable et curieux tableau qui représente les comédiens au temps de Molière. Le décor naïf où les maisons tout entières, avec leurs rouges toitures de brique, tiennent dans la hauteur de la scène, le lustre à bougies allumées en pleine rue, les acteurs de la farce illustre dans les costumes de leurs personnages, Scaramouche, Arlequin, Matamore, Jodelet, Gaultier Garguille, enfin Molière lui-même, entièrement vêtu de drap brun, et avec sa tête réelle non idéalisée, font de ce panneau une page historique impossible à remplacer. Arsène Houssaye, dans la galerie de son palais de Beaujon, en possède une copie. Mais où est la copie et où est l'original ? Dans ces deux tableaux jumeaux, les noms des acteurs sont pareillement écrits au bas de la peinture.

Je continue. De ce même côté, mademoiselle Champmeslé, Vestris, Armand, Baptiste aîné ; mademoiselle Rachel par Edouard Dubufe, peinture triste et froide, mais portrait ressemblant où la personnalité de la grande actrice est bien comprise ; la Duclos, admirablement peinte par Largillière, Henry ; Talma, peint par Delacroix, en costume de Néron ; ceci est un tableau autant qu'un portrait, la tête est profondément émouvante et, à lui seul, le manteau de pourpre, traité avec une science profonde de l'harmonie, ferait la gloire d'un coloriste. Enfin

TALMA EN HAMLET

portrait qui mérite une description spéciale.

Vêtu d'une REDINGOTE en velours noir, que serre autour de sa taille une cordelière de soie à glands, et d'un pantalon collant blanc sur lequel se dessinent des bottes à la Souvarow, à glands et à cœurs, coiffé d'un large chapeau à plumes, comme ceux qu'on portait sous le premier empire en petit costume de cour, et que nous montrent encore au musée chalcographique les estampes d'Isabey ; extasié, l'œil au ciel et le visage soigneusement rasé, sauf de tout petits favoris droits descendant à la hauteur de l'oreille, Talma tient dans ses mains l'urne du scrutin, en fer-blanc bronzé !

Ce qui n'empêche pas les faiseurs d'*ana* de répéter à jamais que la réforme du costume est due à Talma, quoique ce tableau incorruptible soit là pour protester. Bien plus, le beau David, que j'ai vu pendant toute ma jeunesse dans les rôles héroïques, jouait Tancrède et Rodrigue en *troubadour-abricot-Malek-Adel*, avec la redingote jaune à brandebourgs noirs ! Dans *Le Cid*, il revenait de combattre les Mores avec la culotte courte, le bas de soie blanc, les escarpins de satin blanc sur lesquels une bouffette de faveur cerise faisait chou, et la petite épée de cour.

En réalité, ce fut Beauvallet qui le premier parut en Tancrède avec une cotte de mailles et une épée historique, — Dieu sait quel bruit cela fit dans Landernau, — et qui, le premier, costuma historiquement Rodrigue, Cinna, Polyeucte, Pyrrhus, auquel il rendit ses cheveux rouges, et même Hernani, car Firmin l'avait joué avec la culotte rouge et le juste-au-corps bleu à lacets de Guillaume Tell ! Pourtant, ce sera toujours Talma qui aura réformé le costume, car *voilà comme on écrit l'histoire.*

Le troisième côté du foyer montre d'abord

MOLIÈRE CHEZ LOUIS XIV

par M. Ingres, chef-d'œuvre d'ingéniosité et de couleur locale; mais le génie même n'a pu faire vivre cette anecdote apocryphe ! Puis celui des portraits de Talma que la gravure a popularisé; Firmin, mademoiselle Leverd; Poisson en Crispin; Monvel peint par Geffroy dans le costume de l'abbé de l'Epée, et enfin la scène de Sylvestre des *Fourberies de Scapin*, charmant tableau signé de M. Penguilly-l'Haridon, officier d'artillerie.

Sur le quatrième côté du foyer, Préville, par Vanloo, le portrait rude et débraillé où Micheau a si bien l'air d'un tailleur de pierres, et le portrait dramatisé de Grandménil dans *L'Avare.*

Sur l'escalier, la Rachel de Gérome, grande figure sévèrement costumée à la grecque, tenant le glaive, immobile dans un palais où des colonnes sans piédestal, des trépieds, des inscriptions, devraient bien faire réfléchir les décorateurs de la Comédie, coiffée du laurier et de la bandelette, et, en somme, presque aussi remarquable par ses qualités que par ses défauts.

Le buste de Molière, par Houdon, ce buste qui vit, plein d'inspiration et de pensées, sourit doucement de nos misères et semble s'être éclairé des lueurs de l'âme à mesure que le temps dore et polit son marbre, est placé au milieu du foyer des comédiens, en attendant qu'on rende un foyer au public. Si ce foyer, impatiemment attendu, n'a pas des plafonds de diamants, des murailles de rubis, de topaze, d'émeraude, de saphir, d'hyacinthe et de chrysoprase, et, s'il n'est pas pavé avec ces grandes dalles de lapis-lazuli que les Russes empruntent à des carrières récemment découvertes, l'architecte sera bien inexcusable, car le foyer aura été plus long à construire que tout le monument ! Et ce n'aurait pas été la peine d'entasser pendant deux ou trois ans le public de chaque soir dans un boyau invraisemblable, si, au bout du compte, on ne devait lui donner qu'un foyer orné de papier à quarante sous le rouleau !

CE QU'ON FAIT AU FOYER

Les dames y causent avec les quelques hommes qui daignent encore être spirituels ; mais la mode en a bien passé, et les causeurs sont devenus aussi rares au Théâtre-Français qu'ailleurs. Leur façon d'être, ai-je besoin de le dire ? est pleine de dignité et de convenance. Il ne faudrait pas chercher là de ces folles aux corsages d'or, qui ont des délires de toute sorte et de grands cris d'amour, et qui portent de faux diamants, de la fausse hermine, du faux velours, et n'ont rien de vrai que l'inspiration.

A la Comédie-Française, l'hermine, les diamants et le velours sont vrais.

Les comédiennes y sont des grandes dames de l'art, qui savent faire les honneurs d'un salon. Rien de pareil à ce qui a lieu à l'Odéon, par exemple, où j'ai vu de mes yeux mademoiselle R..., mariée depuis, manger du ragoût de mouton pendant la lecture d'une comédie, (sous prétexte de déjeuner,) et mademoiselle X..., qui est un peu de la maison, raccommoder le soir, au foyer, ses torchons et ses bas.

LES JOUEURS D'ÉCHECS

sont en majorité parmi les messieurs. Quelquefois la partie du soir n'est que la revanche de la partie qui a eu lieu dans la journée au café Minerve. Les principaux joueurs d'échecs sont MM. Provost, Maubant, Barré, Delaunay. M. Geffroy joue rarement, mais il donne des conseils. Comme comédien, au contraire, il ne donne pas de conseils et se contente de jouer. Il a raison de jouer, mais peut-être ferait-il bien de donner aussi des conseils.

Le bilboquet a eu ses beaux jours, ou plutôt ses beaux soirs au foyer de la Comédie. On voyait d'habiles virtuoses faire décrire à la boule des paraboles insensées, et la recevoir sur la pointe, au grand vol et dans des situations qui étonnaient la pointe elle-même. Mais, d'un commun accord, il y a longtemps déjà, on a renoncé à ce jeu, par respect pour M. Scribe, qui croyait y voir une critique indirecte de ses procédés littéraires.

Parmi les visiteurs du foyer, on remarque avant tout le peintre Ravergie, excellent garçon qui semble faire partie du monument ; mais le monument ne s'en plaint pas. Puis Charles Dupuis, le fils de madame Rose Dupuis et le frère du comédien que la Russie a enlevé au théâtre du Gymnase; parmi les auteurs, MM. Lecomte et Laya ; parmi les immortels, MM. Augier et Legouvé.

Pendant longtemps, lorsqu'un bon mot s'envolait de quelque lèvre rose, M. Jules Lecomte, ouvertement et sans se cacher de personne, tirait de sa poche un calepin et un crayon et le sténographiait. Puis il rentrait chez lui et faisait son Courrier de Paris, en ayant bien soin d'y mettre en guise d'ornement le bon mot qu'il avait noté. Le lendemain, les sociétaires lisaient le Courrier de Paris, et absorbés par les mille préoccupations que nécessairement font naître leurs travaux, se disaient entre eux :

— C'est singulier ! ce farceur de Lecomte ! Qui diable a encore pu lui conter celle-là !

LES ROMANS D'AMOUR

ont existé au foyer de la Comédie, mais il y a si longtemps, si longtemps, si longtemps, que les *birbes*, chauves comme des billes de billard, en ont seuls gardé la mémoire. En ce temps-là, il y a eu des femmes spirituelles, amoureuses et désordonnées, menant la vie à grandes guides, buvant des perles fondues et de l'or potable, ayant des amants, des caprices et des aventures, et qu'on retrouvait quelquefois dans ces soupers parisiens étincelants de flammes et de causeries épiques, et dans ces soirées d'artistes luxueusement décousues que Balzac a si bien décrits. Mais ces Célies sont mariées, ces Rosalindes n'existent plus, ces Cidalises sont enterrées sous les neiges d'antan : l'ordre règne rue de Richelieu. D'ailleurs, je parlais d'époques fabuleuses, et si complétement évanouies, que les étoiles mêmes ne s'en souviennent plus ; car pour trouver quelque chose de pareil à ce que je rappelais, il faudrait remonter au moins jusqu'à l'année 1848, c'est-à-dire au delà du déluge.

Par conséquent, rien non plus à dire des loges, car dès que les loges sont complétement vertueuses, elles sont comme le bonheur, elles n'ont plus d'histoire. Mais voici ce qui se passait

EN QUARANTE-HUIT

Une femme si célèbre qu'elle aurait pu se passer d'avoir du talent, ayant tant de talent qu'elle aurait pu se passer d'être belle, si belle qu'on lui savait gré d'avoir par-dessus le marché l'élégance et la grâce, n'ayant appris ni à lire ni à écrire, mais écrivant comme une Sévigné et lisant une fable de la Fontaine à ravir la Fontaine ! d'ailleurs, jeune, adorée et maîtresse d'elle comme de l'univers, — avait eu quelques bontés pour un jeune homme riche et noble, assez haut placé dans la hiérarchie militaire.

Un soir, vers neuf heures, ce triomphant Amadis, emprisonné dans un habit noir irréprochable, soigneusement ganté de blanc, et portant à la main un bouquet de camellias à longues queues et à feuilles bien propres, qui pouvait valoir quelque cent écus, vint, le cœur palpitant, frapper à la porte de la loge adorée. On n'ouvrit pas. Le pauvre amoureux, stupéfait, ne pouvait croire à la réalité, car il entendait distinctement deux voix causant et riant, et, d'autre part, comment penser qu'on oserait se moquer de lui !

Il frappa, refrappa, frappa, frappa encore, toujours les voix causaient et riaient avec une gaieté de bon aloi, ironiquement insultante, mais toujours la porte restait close. Enfin, après qu'il eut frappé, frappé, frappé, avec une impatience que depuis longtemps il ne déguisait plus, la porte s'ouvrit, mais au bout d'une bonne demi-heure.

La dame, en diadème, en cothurne, en beaux voiles antiques, (on jouait une comédie grecque,) finissait d'arranger ses colliers sur son col de neige et souriait. Près d'elle, assis et riant, un illustre auteur dramatique... et autre, que je ne puis désigner plus clairement, jouait avec un éventail peint par Eugène Lami. L'officier entra, comme un ouragan dans les Cordillères ; il voulait tout égorger, et commençait à crier les premiers mots d'une scène violente.

— Oh ! dit impérieusement mais très-doucement l'actrice, en l'arrêtant d'un regard qui savait le dompter, — oh ! jamais de ça, surtout quand je vais entrer en scène ! Que venez-vous faire ici ? Me voir mettre du blanc et du rouge ? Mais, cher ami, un homme que j'ai distingué n'a rien à voir dans ces cuisines-là, car vous devez adorer ma beauté sans y rien comprendre, et la voir avec les yeux de la foi ! Et puis, pourquoi roulez-vous des gros yeux sur monsieur, qui est mon ami ? Est-ce que par hasard vous seriez jaloux de lui ? Mais comprenez donc tout : si je ne suis pas à lui, c'est qu'il ne veut pas de moi ; si je n'ai jamais été à lui, c'est qu'il n'a jamais voulu de moi ; car, sachez une fois pour toutes ce que c'est qu'une actrice ! le bon garçon que vous voyez là a dans son répertoire dix beaux rôles à donner, et il peut, s'il veut, en écrire pour moi encore autant ; eh bien ! pour avoir un rôle, un seul, et à peu près bon, je jouerais sans sourciller la Fiancée du roi de Garbe ! Ainsi, faites vos réflexions, et quand vous penserez à moi vers les dix heures du soir, envoyez moi votre bouquet par un commissionnaire !

Le jeune officier, plus étonné que si on l'eût opéré de la cataracte, voyait s'ouvrir devant lui des mondes inconnus. Quant à l'écrivain célèbre, il se sentait confus, humilié dans sa modestie, et, naïvement, il éprouvait le besoin de tout arranger. — Monsieur, dit-il à l'officier en s'excusant, elle a raison ! Seulement, vous comprenez, j'ai fait tant de vers épiques et lyriques, j'ai écrit tant de drames, tant de comédies, tant de romans, tant d'articles de revues, j'ai fait tant de copie, enfin, que voulez-vous, je n'ai jamais eu le temps !

C'était l'époque où on lisait Balzac et où on voulait vivre.

— Tout ça séchera, disait Nadar. Il avait raison, tout ça a séché.

LES BALS AU FOYER

Je parle toujours du temps où la royne Berthe filoit.

Il y avait quelquefois bal au foyer des comédiens, et rien n'était plus imprévu et plus charmant. Dans ce foyer si grandiose, si réellement luxueux, on faisait venir un pianiste, et, de la sorte, tout bonnement, le bal se trouvait constitué. Les danseurs, c'étaient les acteurs de Molière et de Marivaux, plus les étrangers amis que leur bonne fortune poussait là. On commençait gaiement les quadrilles ; quand le moment venait qu'un des danseurs entrât en scène, l'avertisseur lui faisait un signe ; il partait sans rien dire et sans s'excuser, et, silencieusement aussi, sans transition, un des assistants prenait sa place.

Délicieuse fantaisie à la Shakespeare. On voit enflammés

par les beaux discours de son prédécesseur les yeux de la danseuse dont on tient la main. et tout de suite, de verve, on continue comme on peut le discours présumé. Souvent on bénéficie de l'effet produit par celui qui vient de partir, souvent aussi on lui prépare un triomphe pour le moment où il reviendra, l'âme encore tout exaltée par les admirables paroles qu'il vient de débiter sur la scène aux pieds de Sylvia ou d'Agnès. Quel malheur que ces jolis bals soient tombés en désuétude! comme ils étaient naturellement féconds en contrastes piquants et en antithèses amusantes! Scapin dansant avec Iphigénie, le farouche Hippolyte menant le cotillon avec Zerbinette, Tartuffe emportant doña Sol dans une valse enivrée, ce tohu-bobu de tous les masques poétiques, cette comédie dans la comédie, ces grands seigneurs de tous les temps se réjouissant dans le palais de la muse, n'était-ce pas délirant et divin?

Il y a eu aussi, et ç'a été un des plus beaux luxes de la comédie, quelques soirées privées

DANS LA LOGE D'AUGUSTINE

Augustine Brohan a toujours eu le secret de faire ce qu'elle fait d'une manière brillante et séduisante. Ces soirées étaient quelque chose de luxueux et de neuf. Sur un superbe buffet dressé dans toute la longueur de l'une des deux pièces dont se composait la loge, s'étalaient à profusion les pâtisseries, les fruits colossaux, les flacons de vins précieux abrités sous des montagnes de fleurs, les bonbons, les confitures glacées, les blanc-mangers, les parfaits, les pyramides de glaces et même, je crois, quelques perdreaux et quelques galantines pour les appétis farouches.

Autour de ce buffet de Cocagne ou de Gamache, circulaient les invités, hommes et femmes, dans leurs costumes de théâtre; je me rappelle une de ces soirées donnée un jour où l'on jouait *Adrienne Lecouvreur*, et les riches habits du dix-huitième siècle, les vestes de drap d'or sur lesquelles se détachait en noir le cordon de Saint-Michel, les robes noyées sous la dentelle, faisaient le plus bel effet à cette fête intime. Quant aux *pékins* invités par-dessus le marché, ils semblaient avoir mis le plus louable amour-propre à faire disparaître leurs habits noirs sous les crachats, les cordons, les plaques, le brochettes de croix, les soleils de pierreries et tous les *bibelots* à l'usage des gens du monde.

C'est à ce point que M. Paulin Limayrac, s'il eût été là, eût paru très-peu décoré ! Seul, un poète romantique, indûment égaré dans la bonne compagnie, se faisait remarquer par sa qualité d'intrus et par son paletot-sac sur lequel ne s'étalait aucun ordre, pas le moindre nisham de troisième classe, — montrant ainsi que sans la conduite on n'arrive à rien :

> Ah ! y en a, y en a, y en a
> Qui sont des fameus'canailles !
> Ah ! y en a, y en a, y en a
> Qui sont des fameux louffiats !
>
> ALEXANDRE POTHEY.

Ni tables à jouer, ni contre-danses, ni scottishs ;

DEUX HÉBÉS

Augustine et sa sœur Madeleine, les bras nus, versaient dans des coupes l'Aï ensoleillé, et, gracieusement, engageaient les invités à se bourrer de sucreries comme des collégiens en vacances. D'ailleurs nul autre plaisir que la causerie avec des hommes d'esprit et des femmes charmantes, c'est-à-dire nul autre plaisir que celui qui est tout, nulle autre joie que le paradis !

LA LOGE DE RACHEL

avait des fêtes d'un autre genre, mais dont le souvenir non plus ne saurait périr.

La Comédie, il faut bien le reconnaître, avait été généreuse pour celle qui avait détourné le Pactole dans la maison de Molière, et elle l'avait logée d'une manière relativement magnifique. Les deux pièces dont se composait sa loge étaient précédées d'un immense salon. Les soirs où Rachel jouait, au moment où la représentation venait de finir et où la grande tragédienne se transformait en Parisienne, ce salon se remplissait d'amis, d'admirateurs, et bientôt était trop étroit pour une foule parmi laquelle on remarquait des ministres, des hommes d'Etat, des généraux, des écrivains célèbres, des auteurs à succès et même quelques hommes de génie. Tout le monde avait hâte de parler à l'actrice inspirée, de la louer, de commenter son triomphe du soir et d'entrer directement avec elle en communion de pensée. A peine déshabillée, elle venait, parlait à tout le monde, voyait tout le monde, entendait tout, répondait aux éloges et aux critiques, parfois, d'un mot éclatant comme une traînée de poudre, éclairait ce qui avait semblé obscur, disait ses plans d'avenir, s'associait à ceux de ses amis, et enfin avait parfaitement l'air d'une reine, qu'elle était.

RACHEL PARISIENNE

Je ne veux ni louer, ni juger Rachel sur cette page de croquis griffonnés, et mon opuscule n'a pas le temps de s'amuser à la grande critique; j'ai seulement à dire en un mot que l'incarnation la plus prodigieuse de Rachel, ce ne fut ni Hermione, ni Eryphile, ni Camille, ni Phèdre, ni Virginie, ni Lucrèce, ni Lady Tartuffe, ni la Tisbe ; ce fut surtout et avant tout ce chef-d'œuvre digne de Gavarni et de Balzac : Rachel Parisienne.

Comment cette petite joueuse de guitare, comment cette pauvre chanteuse de la rue avait-elle appris la démarche surhumaine des d'Espard et des Maufrigneuse ? C'est le secret de Celui qui, à son gré pétrit et repétrit dix fois notre argile, et pour qui c'est un jeu de faire une duchesse avec la première fillette aux mains noircies et aux cheveux ébouriffés qui ramasse des clous dans le ruisseau.

Nulle femme n'égala Rachel dans l'art de porter un châle ! ce qu'il y a de plus difficile au monde. Ses tuniques de théâtre et l'usage qu'elle en faisait n'étaient rien, comparés à ses robes, à ses brodequins, à ses chapeaux, des poëmes qui semblaient avoir été créés non par des cordonniers et des modistes, mais par quelque dieu-poëte. Comme les reines qui sont de race royale depuis mille ans, Rachel pouvait à son gré se couvrir de joyaux et de diamants et entasser sur elle toute la boutique d'un joaillier, ou porter un seul bijou fastueux, ou se parer avec un velours de quatre sous : elle était toujours, dans sa plus haute distinction impérieuse et dominatrice et dans sa grâce, ce qui est supérieur à tous les êtres créés, une dame Parisienne !

LA RAISON DU SUCCÈS

Les gens qui ne sont jamais au courant de rien, les éternels jocrisses de la Comédie Humaine, les niais du mélodrame de la vie, qui n'ont pas de nez et qui ne voient pas plus loin que leur nez, se sont souvent demandé comment Rachel pouvait passionner Paris avide d'actualité, en lui montrant des Eryphile, des Phèdre, des princesses de mythologie et d'histoire grecque dont il se soucie autant qu'un poisson d'une pomme.

Imbécilité sauvage et sans remède ! Quand Rachel jouait Phèdre, ou Eryphile, ou Hermione, il n'y avait à Paris rien de plus parisien et de plus actuel que cela : car, de même que Racine avait pétri ses héros à l'image de la cour de

Louis XIV, et par conséquent était parfaitement actuel sous Louis XIV, — tout en respectant l'idée du poète, Rachel infusait à ses personnages, non-seulement son idée à elle et son sang, mais aussi nos passions, nos haines, nos fureurs, nos amours modernes ! En racontant l'épouvantable histoire de ces incestes et de ces meurtres, elle se souvenait d'Euripide et de Racine, mais aussi de madame Marneffe et de la Fille aux Yeux d'Or; et, comme c'était son devoir et son droit, elle ajoutait aux douleurs et aux épouvantes des héroïnes des temps passés toutes celles que nous avons senties et subies. Un grand artiste peut s'affubler en grec, et c'est le plus amusant des déguisements ; il sera grec, à coup sûr, mais il sera aussi un homme de la minute même où il vit, réellement et poétiquement. La tragédienne qui, après Balzac, joue les tragédies de Racine, ajoutera involontairement le nouveau trésor de poésie à l'ancien. Ceci est simple comme la vérité; mais quoi de plus facile à voir que l'écarlate, et cependant les aveugles ne le voient pas !

Rachel a réussi et triomphé, SURTOUT parce qu'elle était avant tout une actrice actuelle et moderne !

CHAPITRE QUATRIÈME.

Mademoiselle Georges était en représentations dans une petite ville du Nord ? — Faut-il beaucoup *déblayer* ici ? demanda-t-elle au directeur. — Oh ! certainement, madame, répondit le directeur qui voulait avoir compris, mais qui, en réalité ne connaissait pas ce vocable emprunté à l'argot parisien du théâtre, et dont le sens est : Jouer vite, par larges masses, en négligeant les incidences et en supprimant tous les effets intermédiaires, pour ne laisser subsister que les emporte-pièces indispensables. — Ah ! fit mademoiselle Georges surprise, vous *déblayez* tant que ça ; je n'aurais pas cru ! Puis allant aux artistes du Théâtre-Français qui jouaient avec elle : Mes enfants, leur dit-elle, *déblayons, déblayons !*

Fidèles à ce mot d'ordre, ils jouèrent *Britannicus* en vingt-sept minutes et furent sifflés. Dussé-je subir le même sort, je dirai comme mademoiselle Georges : *Déblayons, déblayons ! déblayons !* — car il faut que le mot FIN arrive, fut-ce au bout de l'*Iliade*.

COQUELIN

Le succès — parlons plus exactement — le triomphe de cet enfant dans le rôle terrible, multiple, universel de Figaro, a, dans la Comédie Française, l'importance d'une révolution, par laquelle sont à jamais détrônés et vaincus les principes sur lesquels l'institution vivait.

Je m'explique. Depuis qu'il y a des comédies et des comédiens, deux écoles sont en présence : l'une, prenant pour loi un bon sens timoré, un étroit réalisme, croit que le but de l'art est de copier la nature dans son expression la plus vulgaire et la plus banale. C'est à cette école qu'appartient toute la Comédie-Française actuelle.

L'autre, que représentèrent si glorieusement Monrose père, Mars, Dorval, Frédérick-Lemaître, voulait entrer dans la pensée des poètes, comme eux s'élever à un idéal d'autant plus émouvant qu'il est plus vrai et plus humain, et, comme Malibran mourante, donner tout son sang, toute son âme.

Coquelin est un acteur de cette race-là. Il a jeté le trouble dans la vieille partie de loto qu'on joue si souvent rue de Richelieu, sous prétexte de jouer la comédie. Il a

brisé de l'éperon
Leur toile d'araignée à prendre un moucheron.

Si jamais Coquelin, dont les débuts ont fait dire : Monrose est retrouvé ! devenait un invalide à tête de bois, portant des favoris à la hauteur de l'oreille, se pâmant sur les pièces de M. Laya et méprisant *Les Fourberies de Scapin*, comme *une erreur de Molière*, il ne mériterait pas l'honneur d'être enseveli sous des œufs rouges et sous des pommes cuites.

MIRECOUR

La plus abominable injustice de la Comédie, car après trente ans, pendant lesquels il a mis beaucoup de talent au service de Molière, ce très-bon acteur n'est pas Sociétaire.

Il doit regretter de ne pas appartenir à ce sexe au pied duquel on tombe, et qui fournit les sociétaires de dix-huit ans !

Nul n'a joué et ne jouera mieux que lui *l'homme au sonnet* du *Misanthrope*, et dans *Le Mariage forcé*, ce *certain Alcidas qui se mêle de porter l'épée.*

Lorsque n'ayant pu obtenir la faveur de jouer *Phèdre* au Théâtre-Français, Marie Dorval monta à l'Opéra, pour un bénéfice, la *Phèdre* de Pradon, ce fut Mirecour qui, à ses côtés, représenta Hippolyte.

Cela lui a porté malheur, Pradon, (que personne n'a lu,) étant vaguement soupçonné d'avoir été un romantique.

MATHIEN

De toute la Comédie, l'acteur qui était le mieux à sa place dans les rôles qu'il jouait. Aujourd'hui retraité et pensionné. C'est une perte. Combien de sociétaires auraient dû prendre pour modèle ce pensionnaire intelligent et modeste !

RÉGNIER

Honnête homme et galant homme dans toute l'acception du mot. De plus artiste d'élite, comme chacun sait. Metteur en scène de premier ordre, car il a créé, — *créé* est le mot, — toute la partie matérielle de *La Joie fait peur*. Son seul malheur, c'est que le comité de lecture, le comité d'administration et les vingt-cinq autres comités réunis en permanence à la Comédie-Française lui ont laissé un peu de cette gravité qui caractérise les chefs de division de tous les ministères.

Régnier, littérateur distingué, a fait, entre autres ouvrages, un livre remarquable sur le Théâtre-Français. Mais il se connait mieux en littérature qu'en poésie; s'il avait à donner un prix de composition lyrique et si les concurrents étaient M. Legouvé et Pindare, M. Legouvé aurait des chances. — Continuons, à bâtons rompus.

JEANNE TORDEUS

Tragédienne, en Belgique.

MARIE ROYER

Très-gentille dans l'ancien répertoire et excellente Agnès, mais impossible en travesti, car, dans le Dauphin de *Louis XI*, elle rappelle Mélingue !

MADEMOISELLE JOUASSIN

Ses jolies dents, sa chevelure, sa jeunesse protestent contre le parti qu'elle a pris de jouer les duègnes.

A l'Odéon, dirigé par Altaroche, un soir de représentation anniversaire en l'honneur de Molière, une toute jeune comédienne, qui devait jouer Philaminte et Arsinoë, (rien que ça !) était venue à pied de Batignolles en mangeant pour dîner un morceau de pain sec, car elle était le seul soutien de sa famille, et quoiqu'elle tînt, comme on le voit, un emploi important, ELLE GAGNAIT CINQUANTE FRANCS PAR MOIS !

Pour paraître dans la cérémonie en l'honneur de Molière, elle avait obtenu que le magasin lui fournirait une robe ; mais la robe n'avait pu aller sans quelques arrangements et quelques corrections. La costumière, qui avait exécuté ce travail de retouche, réclamait CINQUANTE SOUS, et ne voulait pas se dessaisir de la robe avant de les avoir reçus.

Or, l'administration ne paraissait pas disposée à avancer une somme aussi considérable à une artiste, et la pauvre comédienne, qui ne possédait pas cinquante sous, pleurait et sanglotait. Pour ne pas raconter à la façon d'Elie Berthet, je dirai tout de suite que la Providence du dénouement, le *Deus ex machinâ* se présenta sous les traits nobles et divins de

MADEMOISELLE RACHEL

On récitait une ode dialoguée, où Alceste était représenté par M. Bouchet, tandis que la Poésie, le Drame et la Comédie avaient pour interprètes mesdames Roger-Solié, Marie Laurent et Sarah Félix.

Mademoiselle Rachel, sœur dévouée et tendre, avait fait le voyage de l'Odéon pour que Sarah lui récitât une dernière fois ses vers de la Comédie avant de les dire devant le public. La grande tragédienne entra dans le foyer, justement à la minute même où la costumière faisait sa scène des cinquante sous.

La pauvre jeune fille en pleurs eut tout de suite une amie. Rachel l'emmena dans la loge de Sarah, la consola, essuya ses larmes, l'embrassa; fraternellement lui offrit sa jolie petite bourse, où il y avait quelques pièces d'or, et donna sa caution à la costumière pour les cinquante sous.

Le lendemain, mademoiselle Rachel obtenait que les appointements de la jeune fille fussent élevés à un chiffre honorable. A cette occasion même, le ministre s'émut et défendit à l'avenir les appointements de cinquante francs dans les théâtres subventionnés.

Quant à mademoiselle Jouassin, héroïne de cette anecdote, à l'expiration de son engagement elle entrait à la Comédie-Française par les soins de Rachel.

La morale de cette historiette, c'est que les directeurs de théâtres aiment, quand ils le peuvent, à donner des appointements de cinquante francs.

JUDITH

règne à la Comédie-Française. Elle a pour apanage presque tous les beaux rôles de l'ancien et du nouveau répertoire; elle est la seule Éliante, la seule Henriette, la meilleure Armande, la meilleure comtesse du *Mariage*. Quand il s'est agi de faire des créations dramatiques dans des ouvrages nouveaux, on n'a trouvé qu'elle, elle seule. Aussi son nom ne quitte pas l'affiche, et elle ne passe pas un jour sans jouer; mais c'est justice. Comment pourrait-on écarter du répertoire, même un seul jour, l'actrice qui a créé *La Fiammina*, *Charlotte Corday*, Pénélope, la jeune femme du *Caprice*, et qui a repris si magistralement *Marion Delorme*, *Gabrielle*, Alcmène d'*Amphitryon*?

Belle, applaudie, possédant son art avec certitude, appréciée par le public, par la presse, par les auteurs, qui voient en elle leur plus ferme soutien, madame Judith est à la Comédie-Française ce que les Italiens appellent la *première femme*. Rien de plus naturel.

Mais pourquoi veut-elle empêcher madame Anaïs de jouer?

EMMA FLEURY

est une très-agréable jeune première. Il semble qu'elle adore les robes montantes; et pourtant, les soirs où elle n'en met pas, on voit qu'elle a le droit de ne pas les adorer.

MADEMOISELLE PONSIN

a eu un prix au Conservatoire, où elle aurait pu avoir également un accessit de beauté. On a dit d'elle aussi qu'elle jouait comme mademoiselle Mars, mais on se trompait. C'est le même genre, peut-être, mais non le même degré de talent. Au bout du compte, Psyché ne pouvait pas se plaindre d'avoir deux sœurs comme mesdemoiselles Ponsin et Tordeus, et de passer pour être la plus belle des trois.

MADEMOISELLE BONVAL

est une soubrette de mérite, et j'imagine que Rubens l'eût peinte volontiers en déesse dans un des tableaux où il personnifiait les Forces et les Splendeurs de la nature. Elle a contre elle la réputation éclatante d'Augustine Brohan et la rivalité de mademoiselle

DINAH FÉLIX

une brune piquante comme un glaive, qui comprend bien, mais qui souligne trop; une sœur de Rachel, qui doit sa meilleure protection à ce qu'elle est une sœur de Lia.

AGAR

Trop de plumes!

Mais il faut expliquer ce dicton, célèbre rue de Richelieu. Ce que détestent avant tout Messieurs et Mesdames les Sociétaires, c'est que les débutants aient l'air de vouloir leur donner des leçons de diction et surtout de costume, en un mot, témoignent trop de zèle. Ce fut surtout aux débuts du pauvre Bignon que cette tendance se caractérisa.

Bignon débutait dans *Don Juan*. Il portait un magnifique costume espagnol du temps de Louis XIII, en damas de soie blanc et rose; il avait des armes du temps; la dentelle ruisselait sur ses bottes blanches et sur tout son costume; enfin son chapeau disparaissait sous les plumes les plus riches. Au moment où il entra au foyer, on entendit un vague murmure de désapprobation, et un vieux Sociétaire grogna ces seuls mots :

— *Trop de plumes !*

Madame Albert-Bignon, attentive, inquiète, écoutait son mari de la coulisse, et, comme on dit en théâtre, *jouait plus que lui !* Bignon avait bien dit ses premiers actes ; il portait ; les applaudissements éclataient de toutes parts ; Madame Albert espérait. Une tragédienne était à ses côtés ; elle lui prit les mains et lui dit : — Oh ! il réussira, n'est-ce pas ? La tragédienne répondit froidement :

— *Trop de plumes !*

Le mot passa des sociétaires au portier et aux lampistes, et Bignon ne fut pas engagé. Si l'on veut tenir un bon fil d'Ariane pour se diriger dans le labyrinthe de la Comédie Française, il faut surtout avoir étudié les diverses significations locales de ces mots :

TROP DE PLUMES

Si, comme osa le faire Charles Fechter, un jeune comédien veut jouer Seïde de *Mahomet* avec la tête rasée, — *trop de plumes.*

Si un critique avance qu'il vaudrait mieux ne pas jouer les pièces grecques dans des décors romains et les pièces romaines dans des décors grecs, — *trop de plumes.*

Si un échappé du boulevard, — comme Maillart, Beauvallet ou madame Dorval, — joue une scène dramatique de façon à exciter dans la salle une réelle émotion, — *trop de plumes.*

Si un poète se présente au comité avec une intrigue solidement bâtie, des caractères bien tracés, de beaux vers et des rimes riches, — *trop de plumes.*

Si un jeune comédien occupe la presse et le feuilleton sans que ses supérieurs l'aient désiré, — *trop de plumes.*

Il y a à la Comédie un usage qui dure de temps immémorial. Dans *Amphitryon*, celui de tous les ouvrages dramatiques ou revient le plus souvent le mot HIER, les acteurs ont coutume de prononcer ce mot HIER en deux syllabes dans les endroits où Molière l'a mis en une syllabe, et de le prononcer en une syllabe dans les endroits où Molière l'a mis en deux syllabes.

Eh bien! si un débutant, rompant cette tradition, prononce comme Molière écrivait, et renonce à lui prêter des fautes de prosodie, — *trop de plumes!*

Ceci me fait songer au

COMITÉ DE LECTURE

C'est là, quand on est sur la sellette de l'auteur, qu'il fait bon de ne pas avoir *trop de plumes!*

Le comité est un ensemble d'armoires de chêne à rideaux verts, dans une salle verte. Il y a une table à tapis vert, des siéges verts, des bustes verts, et les sociétaires se placent en face de réflecteurs verts, afin que leurs visages paraissent verts. En voyant tout cela, l'auteur s'émeut et devient vert. Avant qu'il ait ouvert son manuscrit, M. Samson s'endort d'un sommeil farouche et surprenant, et ronfle. Quelques sociétaires causent entre eux, d'autres n'écoutent pas: Geffroy fait des bonshommes sur un album; Edouard Thierry baisse la tête. L'auteur est reçu à corrections, à condition qu'il n'en fera pas; il porte sa pièce au Gymnase et gagne de l'argent. Sur le seuil du comité, on rencontre un homme charmant,

VERTEUIL

dont la Comédie ne se défie pas assez, car il est un romantique égaré dans le camp des Grecs. Il adore la poésie et les livres, et il est fou des vers de Victor Hugo. Quand Harel, voulant avoir son drame de *Napoléon*, enferma traîtreusement Alexandre Dumas, en lui laissant toutefois les livres nécessaires, de bons vins, d'excellents cigares, une clef de l'appartement voisin, où habitait mademoiselle ***, et un jeune romantique disposé à copier le drame, le jeune romantique était Verteuil !

Dans son ouvrage projeté *sur la férocité des blondes*, Alphonse Karr établit que les cheveux blonds supposent forcément une nature cruelle et sanguinaire. Il changerait sans doute d'avis en voyant Verteuil, qui est le meilleur des hommes.

Verteuil possède une collection d'autographes précieuse et inouïe, car elle a été recueillie — sans méchanceté ! — dans le sein même de la Comédie-Française, et, publiée, elle serait le plus violent de tous les pamphlets contre la Comédie-Française.

On y remarque principalement les deux lettres que voici :

L'une, du comédien Rosambeau. Il expose que, jouant la comédie depuis trente ans, connaissant à fond son métier, sachant par cœur, sans exception, TOUS LES RÔLES du répertoire tragique et comique, et se trouvant sans ressources, il désire être engagé par le Théâtre-Français, au prix de douze cents francs, pour être employé *à ce qu'on voudra.*

L'autre, de la comédienne Marie Dorval. En quatre pages merveilleusement éloquentes, ELLE SUPPLIE qu'on lui permette de jouer une fois *La Mère coupable*, expliquant avec insistance qu'elle ne demande pas le rôle en chef ou même en double ; reconnaissant d'avance que, si on lui accorde la faveur qu'elle sollicite pour une seule fois, cette faveur ne saurait en aucune façon engager le comité pour une autre fois, et attendant tout de la bienveillance du comité. Certes, l'actrice de doña Sol et de Kitty Bell n'y allait pas de main morte dans ses ambitions ! Jouer UNE FOIS *La Mère coupable !* Peste !

Mademoiselle Devoyod joue Phèdre et Hermione toutes les fois qu'elle veut.

Inutile de dire que les deux pétitions furent rejetées. *Trop de plumes!*

LES FEMMES AU COMITÉ

Jetaient dans l'abominable salle verte un peu de rose, un peu de joie, un peu de gaieté, un peu de soleil.

L'auteur voyait des fronts de lys, des lèvres de pourpre, de blondes chevelures au milieu des tristes visages verts, et il était rassuré.

Mais les femmes furent soupçonnées d'avoir quelquefois incliné vers les poètes; elles furent chassées du comité.

Les comédiens veulent être les égaux des princes et des ducs, mais ils ne veulent pas que les comédiennes soient leurs égales.

A l'Association des Artistes-Dramatiques, les comédiennes payent comme les comédiens, mais ne votent pas, et subissent les comités qu'on leur impose.

Par exemple, elles sont tenues de placer des billets pour le bal de l'Association et d'acheter, pour s'y montrer, des toilettes ruineuses.

Je demande cent mille éternités pour comprendre en quoi une comédienne n'est pas l'égale d'un comédien,

Même et surtout comme intelligence littéraire.

En passant en revue les actrices du Théâtre-Français, j'ai gardé pour la bonne bouche

MADEMOISELLE RIQUIER

C'est une belle dame, d'une grande tournure, d'une voix sympathique, une de celles qui, pour l'heure présente, portent le mieux un châle et une robe. Elle est faite pour briller au fond des calèches qu'Eugène Lami raconte si bien dans ses aquarelles ; les tapis d'Aubusson sont la patrie naturelle de ses petits pieds, et, avant de décider quelque chose, la Mode échange avec elle un clin d'œil d'intelligence. Nulle n'est mieux destinée à faire vivre sur la scène les femmes de Balzac ; enfin, c'est une Parisienne !

Hélas ! tout le monde a ses défauts. Mademoiselle Edile Riquier est dévorée du désir d'être sociétaire.

Pourtant, que de sociétaires sont moins jolis qu'elle !

Cette idée fixe a conduit mademoiselle Edile Riquier à entamer le grand répertoire, qu'elle a fort bien joué, ma foi, y compris Sylvia des *Jeux de l'Amour*. Mais, hélas ! elle ne s'est pas arrêtée là ; elle est venue se heurter contre l'écueil inévitable, je veux dire

LE ROLE DE CÉLIMÈNE

Exprimant combien il est difficile de savoir ce que c'est que Célimène, Janin s'écrie avec éloquence : « A peine si mademoiselle Mars le savait ! »

Après quelques expériences faites à la salle Herz et ailleurs, (elle avait commencé par dire seulement la grande scène avec Arsinoë,) Rachel entreprit de tenter son grand coup.

Son plan était celui-ci : Jouer Célimène à Londres avec tant de succès, que Paris la forcerait à la jouer aussi devant lui.

Rachel se fit faire une robe qu'il faudrait faire décrire par Théophile Gautier, en lui payant ce travail quarante-cinq francs la ligne. Elle acheta pour cent mille francs de diamants, en plus de ceux qu'elle possédait, fit remonter le tout à neuf par Fossin, et joua Célimène à Londres.

Londres se fâcha et cassa la salle. Un critique anglais

adressa à Jules Janin une longue et curieuse lettre manuscrite, qui raconte les détails de ce naufrage.

Augustine aussi, — Augustine qui n'a jamais manqué un rôle ! — eut le malheur de jouer à Bordeaux... LE RÔLE DE CÉLIMÈNE ! Son succès égala celui de Rachel. Oh ! qu'on a sifflé ce soir-là !

En rentrant chez elle, Augustine, éperdue, consultait un ami qui souvent lui avait donné de bons conseils. — Est-il possible, dit-elle, que je me sois trompée à ce point-là ! Enfin, je rejoue le rôle demain. Demain, dans ce malheureux rôle, que dois-je faire?

» — Demain, lui dit son ami sévère, mais juste, demain, il faut faire... votre malle ! »

FIN DES PORTRAITS-CARTES

Excusez-moi, messieurs, si je vais un peu vite, mais la locomotive de Derosne et Cail est le symbole de la vie moderne. Déblayons ! déblayons !

GOT

Quels chefs-d'œuvre, son *Matamore* et son *L'Intimé !* Quel acteur Molière a perdu en lui ! car il s'est donné tout entier à Emile Augier, par le désir qu'il avait de laisser définitivement pousser ses moustaches. L'emploi des valets, dans lequel il excella, est aussi tenu par

MONROSE

fils, (qui, à l'Odéon, aimait les vers et Vacquerie et Gautier ! Tout est rompu, mon gendre.)

TALBOT

N'est pas le lord Talbot, depuis comte de Shrewsbury,

que Shakspeare a mis en scène dans la première partie de *Henri VI*, et qui, à la scène III du second acte, dit à la comtesse d'Auvergne : « Non, non, je ne suis que l'ombre de moi-même : une illusion vous abuse ; ce que vous voyez n'est que la moindre portion, qu'une fraction minime de moi-même. Je vous assure, madame, que si Talbot tout entier était ici, ses proportions sont si vastes que votre demeure ne pourrait pas le contenir. » Qui ne connaît

DELAUNAY

Charmant, jeune, traînant tous les cœurs après soi.

RACINE.

Son talent grandit tous les jours et montre, à côté du charme gracieux, des cordes de vigueur et de drame qu'on ne soupçonnait pas. Sa jeune gloire jette une ombre redoutable sur le talent de

GARRAUD

qui pourrait être le premier dans un théâtre où Delaunay ne serait pas. Comme il sortait de scène un soir où il avait moins bien joué qu'à l'ordinaire un de ces amoureux de Molière qu'il représente excellemment, je ne sais quel plat farceur, égaré dans les coulisses, lui dit : *Fi! Garraud!* Garraud, indigné d'avoir entendu un calembourg si niais, provoqua en duel le mauvais plaisant et le tua. Il eut bien raison. — On dt que le bleu et l'azur manquent à la Comédie-Française. Ces deux tons s'y trouvent pourtant, mais seulement sur le menton de

MAUBANT

tragédien qu'on ne peut accuser d'être blond, et qui joint à une beauté virile d'un grand caractère un talent estimable et estimé. Sorti du Conservatoire avec un premier prix de tragédie, il avait le droit de jouer les premiers rôles; on lui proposa d'être sociétaire tout de suite, à condition qu'il prendrait les raisonneurs dans la comédie et les rois dans la tragédie. Maubant accepta, et l'affaire fut bonne pour tout le monde, car, pour représenter les personnages violents, Il avait contre lui sa douceur! Pourtant, par un beau soir de juillet où il faisait une chaleur de quarante degrés, j'ai vu Maubant dans le rôle d'Oreste.

C'était un Oreste bien conciliant.

GIBEAU

Est à Ligier ce que Grenade est à Séville :

Grenade, la belle ville,
Serait une autre Séville,
S'il pouvait en être deux.

GUICHARD

a le droit de s'appeler, de huit à dix heures du soir, Hippolyte et Achille. Il croit à la tragédie et j'y crois comme lui. Les imbéciles sont ceux qui n'y croient pas. On lui en veut un peu dans la maison, parce qu'il joue Achille avec un casque.moulé au Louvre sur un vrai casque antique. (*Trop de plumes!*)

VERDELLET

a débuté dans le *Cid*, et, chose curieuse, cela ne l'a pas conduit, comme Lafontaine, à créer des pièces d'Octave Feuillet au théâtre du Vaudeville.

LEROUX

Comédien d'un talent réel, qui récemment a obtenu dans

Tartuffe un succès immense, mérité, retentissant, et dont le souvenir ne s'effacera pas, est un homme de bonne compagnie et un sociétaire bienveillant, même dans la salle verte !

BARRÉ

plein de rondeur, d'observation et de naturel, a bien marché depuis le Panthéon ! Mais le beau rôle que lui a confié madame Sand lui a fait faire un pas de géant.

DAVESNE

naguère auteur dramatique, dont la modestie égalait le mérite, est devenu un régisseur habile, ingénieux, soigneux, et facile à vivre ! Il lit comme M. Legouvé et comme un ange.

CHÈNE, souffleur

a été, après M. Samson, le professeur de Delphine Marquet.

MASQUILLIER

a l'air moins heureux quand il joue la comédie que quand il parle au public. Quand il parle au public, oh ! comme le public et lui ont l'air satisfaits !

TRONCHET

mérite les confidences d'Agamemnon, et les reçoit.

MONTET

marche sur les traces de Mathien. Peut-être est-il moins digne.

LAROCHE

est un charmant comédien, s'il existe. — Selon quelques chroniqueurs, ce nom ne désigne qu'un personnage fabuleux, et voici à quelle occasion il aurait été inventé :

On raconte que M. Victorien Sardou paria avec Théodore Barrière qu'il jouerait tout au long un rôle devant le public, sans être reconnu. Suivant ce récit, il se montra en effet dans le rôle du comte pendant cent représentations consécutives du *Fils de Giboyer* sans que personne devinât sa ruse.

— Eh bien ! dit-il à Barrière, après la centième représentation.

— Eh bien ! dit Barrière, furieux d'avoir perdu son pari, vous n'aviez qu'à faire jouer une pièce tirée des contes d'Edgard Poë ; le public vous aurait encore bien moins reconnu !

PARENTHÈSE

Si nous exceptons Victor Hugo et son théâtre, Alexandre Dumas et son théâtre,

Les principaux chefs-d'œuvres dramatiques de ce temps-ci sont : *Les Saltimbanques*, *Robert Macaire*, *Mercadet*, *Tragaldabas* et *Le Tricorne enchanté*.

Les auteurs dramatiques de ce temps-ci sont : Balzac, Théophile Gautier, Vacquerie, du Mersan, Varin, Labiche, Edouard Martin, Duvert, Lauzanne, Dumas fils et Barrière.

Les grands comédiens de ce temps-ci ont été : Frédérick, Madame Dorval, Déjazet, Sainville, Arnal, Paulin Ménier.

CONCLUSION

Cy finist La Comédie Française, racontée par un témoin de ses fautes Moi, l'auteur, je n'ai pas eu l'espoir de corriger cette rentière, qui est incorrigible. Mon seul dessin a été de témoigner et de prouver que je reste, en dépit de ces jeunes gens : MM. Provost, Samson, Régnier et consorts, une vieille ganache romantique.

Car, je veux bien être damné pour l'infirmité de mes écrits ; mais il serait par trop indigne de moi de devenir, comme le Paulo du vaillant prêtre de la Merci Fray Gabriel Tellez, (*alias* Tirso de Molina,) un *damné par manque de foi!*

ÉPILOGUE.

Souffleur, comédiens, — vous, actrices, aussi ! —
J'entre et je vous salue et je vous dis ceci : (1)

Parfois, au fond d'un bourg, dans une triste salle,
Fumeuse, à bancs de bois, sombre, enfumée et sale,
J'ai vu sous des haillons et du papier doré,
Un acteur loqueteux, pauvre, mais adoré,
Qui, près d'Agnès tremblante ou près d'Iphigénie,
Faisait briller l'éclair effaré du génie.

Il parlait ; son regard, d'abord mal assuré
Par l'amour de la Muse était transfiguré.
C'était un roi vainqueur, fier ; sa voix applaudie
Grandissait dans le rhythme et dans la mélodie ;

(1) Rendons à César, — ou à Olympio, — le second vers de cet Epilogue. *Les Burgraves*, première Partie, scène VII.)

Les spectateurs suivaient, pâlissants de respect,
Le vol de sa pensée ; alors le bouge infect,
Que remplissait sa voix terrible ou familière,
Était pour un instant la maison de Molière,
Où le dieu se levait de toute sa hauteur.

Cela dit, excusez les fautes de l'auteur.

Le petit Étude qu'on vient de lire a paru pour la première fois sous la signature de *L'Inconnu*, dans le charmant journal **Le Nain Jaune**, dirigé par M. **Aurélien Scholl** qui a obtenu d'emblée et si complètement un succès parisien et cependant universel, car il déborde de cet esprit vif, léger, rapide comme une flamme qui chez nous gagne toutes les causes. Il n'en pouvait être autrement pour un recueil qui, à côté de l'auteur de *Denise*, des *Aventures Romanesques* et des *Amours de Théâtre* a pu réunir des écrivains comme MM. Méry, Xavier Aubryet, J. Barbey d'Aurevilly, Armand de Pontmartin, Th. de Banville, Francisque Sarcey, etc. — (*Note de L'Editeur.*)

www.ingramcontent.com/pod-product-compliance
Ingram Content Group UK Ltd.
Pitfield, Milton Keynes, MK11 3LW, UK
UKHW021628260726
13994UKWH00003B/1130

9 782329 439570